SE CHANGER, CHANGER LE MONDE

L'Iconoclaste
27 rue Jacob, 75006 Paris
Tél. : 01 42 17 47 80

SE CHANGER, CHANGER LE MONDE
se prolonge sur le site www.editions-iconoclaste.fr

SE CHANGER, CHANGER LE MONDE

Christophe André, Jon Kabat-Zinn,
Pierre Rabhi, Matthieu Ricard

Avec Ilios Kotsou & Caroline Lesire

L'ICONOCLASTE

« Je ne crois pas que nous puissions corriger quoi que ce soit dans le monde extérieur que nous n'ayons d'abord corrigé en nous. »

ETTY HILLESUM

INTRODUCTION

Un jour, dit la légende amérindienne, il y eut un immense incendie de forêt. Tous les animaux terrifiés, atterrés, observaient, impuissants, le désastre. Seul le petit colibri s'activait, allant chercher quelques gouttes avec son bec pour les jeter sur le feu. Après un moment, le tatou, agacé par cette agitation dérisoire, lui dit : « Colibri ! Tu n'es pas fou ? Ce n'est pas avec ces gouttes d'eau que tu vas éteindre le feu ! » Le colibri le regarde droit dans les yeux et lui répond : « Je le sais, mais je fais ma part. »

Nombre d'entre vous ont sans doute déjà entendu Pierre Rabhi raconter avec malice cette fable inspirante. À une époque où un quart des habitants de la planète consomment les trois quarts de ses ressources, nous avons assurément besoin, toutes et tous, de devenir des colibris afin de changer la donne. C'est à cela que nous incite cet ouvrage porté par l'association Émergences, dont la mission est de réconcilier développement personnel et actions solidaires.

Vous vous êtes sans doute, tout comme nous, déjà sentis indignés, émus ou révoltés par l'injustice du monde. Sans doute avez-vous souhaité y remédier... Mais dans ces moments-là, on se sent tout petits. Qui sommes-nous pour changer le monde ? Nous qui n'arrivons pas toujours à faire face aux épreuves de notre propre vie, que pourrions-nous donc faire à l'échelle de l'humanité ?

Les défis pour une société plus juste, plus durable, plus respectueuse de l'homme et de l'environnement sont énormes et le temps nous est compté. Mais le germe du changement est présent en beaucoup d'entre nous. Il nous semble important de souligner cette énergie et de l'aider à se développer. Partout, des femmes et des hommes se lèvent, mettent sur pied des initiatives, modifient leurs habitudes, viennent en aide aux autres, se questionnent, se mobilisent et, ainsi, transforment la société. Alors, bien sûr, nous manquons parfois d'outils, de modèles et même d'espoir, mais en prenant confiance et conscience, nous pouvons espérer atteindre la masse critique qui fera basculer la société vers un autre équilibre.

Cet ouvrage rassemble les contributions de quatre auteurs d'une grande sagesse. Ils changent le monde, chacun à leur manière, et partagent une réelle volonté de transformer les consciences et de toucher les cœurs en vue d'une évolution profonde de la société.

Le premier chapitre explore la question du lien entre transformation globale et personnelle ; il souligne l'urgence d'un changement afin d'éviter le point de non-retour. Le deuxième chapitre, écrit par Christophe André, décrit la manière dont notre société nous aliène et évoque quelques pistes de résistance. Dans le chapitre 3, Jon Kabat-Zinn parle de l'impact qu'un changement de relation avec nous-mêmes est susceptible d'avoir sur le monde. Il y est évidemment question de méditation de pleine conscience, qu'il a contribué à développer et à faire connaître à travers le monde. Quant au quatrième chapitre, il propose les attentes de Matthieu Ricard pour un monde plus altruiste. Dans le chapitre 5, Pierre Rabhi éclaire l'étrange complicité qui nous relie à la nature et l'importance de la préserver pour voir germer une société plus harmonieuse. Enfin, dans le sixième chapitre, nous développons comment mettre notre conscience en action.

Tout au long du livre, nos quatre sages proposent des conseils pratiques que nous pouvons toutes et tous mettre en œuvre, à notre niveau. En fin d'ouvrage, vous trouverez des idées d'actions, des associations, des pistes concrètes pour vous lancer à votre tour dans le changement et vous relier aux autres.

Le développement personnel et la transformation sociale sont-ils opposés ou complémentaires ? Quels sont les freins ou les pièges qui peuvent entraver ces changements ? Quel est le lien entre développement de nos consciences et changement de société ? Quelle est l'importance de nos liens avec les autres pour une transformation durable ? Voilà les questions que ce livre aborde au fil des chapitres, en alliant à la réflexion des pistes d'actions très concrètes à appliquer au quotidien.

L'espoir, c'est ce que nous souhaitons vous inspirer à la lecture de ces pages. La nature – dont nous faisons partie – possède d'innombrables ressources et recèle un génie créateur extraordinaire. Les termitières, par exemple, construites sans mathématiques ni ingénieurs, sont aujourd'hui étudiées par les scientifiques pour leur système de ventilation qui surpasse nos propres inventions. Elles fonctionnent selon un principe que l'on appelle l'émergence. C'est un phénomène qui s'observe dans différents domaines (biologique, écologique) : un système complexe (comme une termitière ou une ruche) ne peut être prédit par la simple addition de ses composantes. Ce qui en fait son mystère et sa magie : l'ensemble des actions communes donne un résultat inimaginable au niveau micro. La nature nous l'enseigne à l'envi : le tout est plus que la somme des parties.

Ce livre se veut une illustration de ce principe du vivant, autant qu'un détonateur supplémentaire pour mettre en route ces actions, ces rêves de colibri qui sommeillent chez certains ou se sont déjà concrétisés chez d'autres.

La réussite collective d'un monde plus juste et durable peut-elle être autre chose que la convergence de tous nos actes individuels ?

1

RÉPONDRE AU MAL-ÊTRE CONTEMPORAIN

ILIOS KOTSOU, CAROLINE LESIRE, PIERRE RABHI ET MATTHIEU RICARD

Aujourd'hui, on ne compte plus les désastres socio-économiques et écologiques qui adviennent sur la planète. Nous sommes, pour la plupart, préoccupés par ces crises que rien ne semble pouvoir arrêter. Dans un monde de plus en plus globalisé, que d'aucuns pensent acquis aux seules lois du profit et de la finance, quelle est notre marge de manœuvre ? Que pouvons-nous faire pour initier le changement et y contribuer ?

Une première option consiste à s'engager : au niveau social, humanitaire, politique. Une autre voie, c'est le travail sur soi, pour atteindre plus de sérénité dans ce monde difficile.

Méditant ou militant ?

Ces deux positions sont fréquemment dépeintes comme opposées. On représente souvent le militant de façon caricaturale, comme agissant sans réelle conscience des enjeux ni des effets de son action, sans ancrage intérieur ; et le méditant comme un individu égoïste, coupé des autres et du monde, préoccupé par sa seule vie intérieure et incapable d'agir. Si l'on prend le temps d'y réfléchir, est-il vraiment possible d'agir sur ce monde sans se transformer soi ? Nous engager pour un monde plus juste et conforme à nos idéaux n'est-il pas aussi une façon prometteuse de prendre soin de soi ? Comment donc (r)éveiller et réconcilier en nous le méditant et le militant ?

« Je ne crois pas que nous puissions corriger quoi que ce soit dans le monde extérieur que nous n'ayons d'abord corrigé en nous. » Cette phrase d'Etty Hillesum, que nous avons choisi de faire figurer en exergue, est une première réponse. Cette

Nous *sommes* le monde. Nous changer revient donc déjà à changer une partie du monde, certes infime mais existante et importante.

étudiante néerlandaise enjouée, curieuse et résolument moderne, fut déportée à Auschwitz à l'aube de ses 30 ans. Les extraits de son journal[1], qui s'achève par une carte envoyée à une amie depuis le train qui la menait vers son destin funeste, témoignent de sa spiritualité vivante et engagée. Sur les pas de cette grande figure contemporaine, développons quelques raisons d'initier le changement en soi pour changer le monde.

De manière extrêmement pragmatique, le premier argument repose sur l'idée que nous *sommes* le monde. Nous changer revient donc déjà à changer une partie du monde, certes infime mais existante et importante. De plus, nous sommes la partie du monde sur laquelle nous avons l'influence la plus directe. L'astrophysicien Hubert Reeves dit que la pollution n'est pas un gros problème... mais six milliards de petits problèmes. En le suivant, nous pensons qu'il est possible de mettre en œuvre au moins six milliards de petites solutions pour rendre ce monde plus juste : le changement est à notre portée.

> *Lors des cycles de méditation par la pleine conscience que j'anime (Ilios), de nombreuses personnes témoignent de la manière dont le changement de relation avec elles-mêmes agit sur leurs relations aux autres et au monde. Récemment, un chef d'entreprise m'a dit au terme de son apprentissage : « J'étais venu chercher des outils pour changer les autres. J'ai maintenant compris que le changement ne peut commencer qu'en chacun de nous. »*

Assumer notre responsabilité

« En portant l'humanité en lui, chaque être humain en est responsable à sa mesure », nous dit Edgar Morin[2]. Comme partie prenante de ce monde, nous portons une responsabilité quant à son devenir. À cet égard, sommes-nous réellement en mesure d'exercer cette responsabilité ? Des recherches scientifiques, dont Christophe André parle au chapitre 2, laissent en effet entrevoir que la société actuelle, sous l'influence de certains facteurs (l'argent, le stress, la publicité, etc.), nous aliène. Conditionnés et manipulés, nous devenons étrangers à nous-mêmes. Dans ce contexte, comment retrouver une certaine liberté dans nos actes et nos choix de consommation ?

Comment devenir plus responsables non dans un sens de culpabilité, mais avec une habileté retrouvée, et ce afin d'apporter la meilleure réponse à la situation qui se présente à nous.

L'été avant d'entrer à l'université, je (Caroline) suis partie au Brésil à la rencontre des enfants et des jeunes de la rue de Recife. Arrivée dans une maison d'accueil, impossible retenir mes larmes. En face de moi se tenaient des filles d'à peine mon âge ou moins, déjà mamans – parfois plusieurs fois – et souvent bien abîmées par la vie. Je me sentais impuissante, démunie, et même coupable de vivre dans mon petit confort alors qu'elles n'avaient rien. Didier et Christine, de l'association qui nous accompagnait, me dirent : « Regarde-les, elles sont contentes de vous voir et de parler avec vous, ne te laisse pas dévorer par ta tristesse, ce n'est pas en étant triste que tu les aides ; en pleurant, tu pleures sur toi-même, tu perds ton énergie. Garde cette tristesse, cette révolte dans ton cœur, elles te serviront de moteur demain pour les aider, elles et toutes celles et ceux qui auront besoin de toi.» C'est dans ces circonstances que je me suis dit que mon action, aussi minime soit-elle, pouvait participer de manière significative aux changements dans le monde. Depuis, je me concentre sur chaque petit changement positif et cela m'aide, surtout quand je me sens impuissante face aux injustices du monde.

Comment dépasser notre tristesse sans se laisser déborder par elle ? Comment traduire nos peurs et nos indignations en actions susceptibles d'améliorer le cours des choses ? L'indignation est en effet une étape importante, mais il est crucial qu'elle devienne le moteur d'une action dirigée vers quelque chose, pour un modèle alternatif et pas uniquement contre le système existant. Stéphane Hessel, célèbre militant des droits de l'homme et ancien résistant, auteur d'*Indignez-vous !*, précisa après la parution de son essai qu'il était important que, au-delà de l'indignation, chacun réalise qu'il était créateur, qu'il fallait résister pour créer sans cesse et créer pour résister sans cesse[3].

Plus nous sommes indignés, plus nous avons besoin d'être conscients afin que nos actions restent en cohérence avec nos idéaux. Car, déconnectés, coupés de nous-mêmes, nous risquons de nous couper aussi de nos valeurs. L'aliénation tire ses racines du latin *alienus*, qui signifie « autre », « étranger ». Elle désigne ce processus de dépossession de l'individu et la perte de maîtrise de ses forces propres (par le conditionnement social, la publicité, la désinformation). Influencés par ce contre quoi nous luttons, nous

Une histoire soufie

À 20 ans, je n'avais qu'une seule prière : « Mon Dieu, aide-moi à changer le monde, ce monde insoutenable, invivable, d'une telle cruauté, d'une telle injustice. »
Et je me suis battu comme un lion.
Au bout de vingt ans, peu de choses avaient changé.
Quand j'ai eu 40 ans, je n'avais qu'une prière : « Mon Dieu, aide-moi à changer ma femme,
mes enfants, ma famille. » Et je me suis battu comme un lion pendant vingt ans, sans résultat.
Maintenant, je suis un vieil homme et je n'ai qu'une prière : « Mon Dieu, aide-moi à me changer. »
Et voilà que le monde change tout autour de moi.

Gandhi a dit : « Soyez le changement que
vous voulez voir en ce monde. »
Si nous n'habitons pas notre vie et
n'incarnons pas ce changement au quotidien,
c'est le monde qui nous changera
et non nous qui changerons le monde.

devenons déterminés par l'objet de cette lutte. Dès lors, nous risquons de nous comporter de manière injuste contre l'injustice, violente au nom de la paix, barbare au nom des droits de l'homme. L'histoire fourmille d'exemples où ceux qui se sont révoltés au nom de nobles idéaux se sont au moins aussi mal comportés que ceux qu'ils combattaient une fois la bataille gagnée. Il y a plus de chances de voir naître des actions justes de consciences intérieures fortes et apaisées.

Gandhi a dit : « Soyez le changement que vous voulez voir en ce monde. » Si nous n'habitons pas notre vie et n'incarnons pas ce changement au quotidien, c'est le monde qui nous changera et non nous qui changerons le monde.

Empathie et compassion, des outils pour soi et pour les autres

Même en étant très soucieux de la marche du monde et désireux d'agir, nous risquons de devenir très vite aigris et découragés si nous nous retrouvons démunis face à l'ampleur de la tâche. Être constamment confrontés à la souffrance d'autrui ou à l'injustice peut mener tout droit à l'épuisement. C'est le burn-out ou « fatigue de la compassion », comme on l'appelle chez les soignants, bien qu'il s'agisse en fait d'une fatigue de la détresse empathique, puisque la compassion est par nature infatigable (ce qu'ont confirmé de récents travaux en neurosciences menés par l'équipe de Tania Singer). D'autres s'en sortiront, pour un temps, en fuyant les sentiments et les émotions d'autrui pour se protéger. Mais combien finissent alors par se sentir si fatigués qu'ils sont non seulement incapables d'agir pour changer le monde, mais qu'ils se fragilisent eux-mêmes et s'éloignent des autres ? Comment résoudre et empêcher cette douloureuse déshumanisation des relations issue d'une incapacité à supporter les souffrances d'autrui ?

De nombreuses recherches ont mis en évidence que la méditation, par exemple, bien loin de nous éloigner du monde, nous reliait en fait aux autres et favorisait même les comportements prosociaux, c'est-à-dire les comportements dirigés vers autrui, dans le but de lui rendre service, de le réconforter ou de partager quelque chose avec lui.

Prenons le cas des personnes âgées qui, dans nos sociétés, se retrouvent trop souvent seules, mises à l'écart, et voient leur fin de vie dénuée de sens. On sait que la solitude est un facteur de risque majeur de développer une maladie cardiovasculaire, la maladie d'Alzheimer, ou de s'éteindre précocement. Une étude récente, conduite par le chercheur David Creswell[4] de l'université Carnegie-Mellon, a montré que la pratique de la méditation réduisait le sentiment de solitude des personnes âgées ainsi que le risque de maladies inflammatoires. La méditation n'est bien sûr pas une solution miracle, et il est urgent de bien mieux inclure nos anciens dans nos sociétés. Mais cette pratique a au moins le mérite de développer chez eux le sentiment d'être connectés à une communauté plus large, et donc de les relier au monde.

Autre étude, réalisée cette fois au sujet des comportements prosociaux. L'équipe de Paul Condon[5], de la Northeastern University, à Boston, a observé les comportements de participants mis en situation : on les faisait s'asseoir sur le seul siège libre d'une salle d'attente médicale, puis on faisait entrer une personne avec des béquilles qui s'appuyait contre le mur en montrant ostensiblement son inconfort.

Aiguiser sa hache

Un jeune homme à la recherche de travail arriva un soir dans un campement de bûcherons. Le premier jour, il travailla extrêmement dur et coupa beaucoup d'arbres. Le deuxième jour, il travailla avec autant d'entrain que la veille mais n'arriva qu'à la moitié de sa performance. Très embêté, il décida, pour corriger la situation, d'en abattre davantage le lendemain. Il se mit à la tâche très tôt et s'attaqua furieusement aux arbres avec sa hache, mais ce fut en vain : il en coupa encore moins. Honteux et découragé, il alla voir celui qui l'avait engagé : « Je suis désolé de vous avoir déçu, je m'emploie du mieux que je peux à honorer la confiance que vous avez placée en moi, mais mes résultats sont médiocres : je ne comprends pas ce qui m'arrive. » Après l'avoir écouté, le patron demanda au jeune homme avec douceur : « Quand as-tu aiguisé ta hache pour la dernière fois ? »
« Je n'ai pas eu le temps de le faire, répondit le jeune apprenti, j'étais trop occupé à couper les arbres. »

L'école en bambou de Bodhnath est l'un des établissements financés par Karuna-Shechen. Chaque structure scolarise près de deux mille enfants.

ger, cela commence par prendre
de soi en aiguisant nos capacités
de conscience, de sagesse et d'empathie.

Aucune des autres personnes assises ne bougeait. Les chercheurs ont comparé la réaction des participants selon qu'ils avaient ou non suivi un entraînement à la méditation. Ceux qui l'avaient suivi étaient cinq fois plus susceptibles de se lever pour céder leur place que les autres.

Se changer, cela commence donc par prendre soin de soi en aiguisant nos capacités de conscience, de sagesse et d'empathie. Nous sommes l'instrument par lequel nous pouvons agir sur le monde. Et ce travail est d'autant plus important que notre action présente un caractère d'urgence sans précédent.

L'urgence d'un changement

La situation dans le monde est de nature profondément injuste et paradoxale. Dans les pays développés ou émergents, la création de richesses n'a jamais été aussi grande, ni jamais aussi mal répartie que ces cinquante dernières années. En pratiquant la prédation, l'Occident s'en tirait plutôt bien, d'un point de vue économique. Cependant, la crise qui s'installe durablement dans nos pays finit par convaincre les plus sceptiques des dangers et des limites de ce modèle. Au niveau mondial, plus d'une personne sur cinq n'a toujours pas accès à l'eau potable ou est sous-alimentée. Moins de 10 % de la population détient 82 % du patrimoine mondial, alors que 70 % des habitants se partagent 3 %[6]. 80 % de la population est exclue de tout système de protection sociale. Pourtant, en vingt ans, la richesse produite a été multipliée par cinq.

On assiste à une augmentation générale du mal-être. L'Organisation mondiale de la santé fait d'ailleurs clairement le lien entre dépression et contexte de crise économique[7]. D'après l'OMS, les problèmes de santé mentale (dépression, anxiété chronique, phobies, addictions, etc.) sont devenus, aux États-Unis et dans l'Union européenne, la première cause d'invalidité en termes de nombre de jours durant lesquels les gens ne peuvent fonctionner normalement dans l'existence, avant le cancer et les maladies cardiovasculaires[8].

En outre, nous le constatons tous les jours, plutôt que de considérer notre magnifique planète oasis

PRINCIPALES CAUSES D'INVALIDITÉ
(ÉTATS-UNIS ET EUROPE)

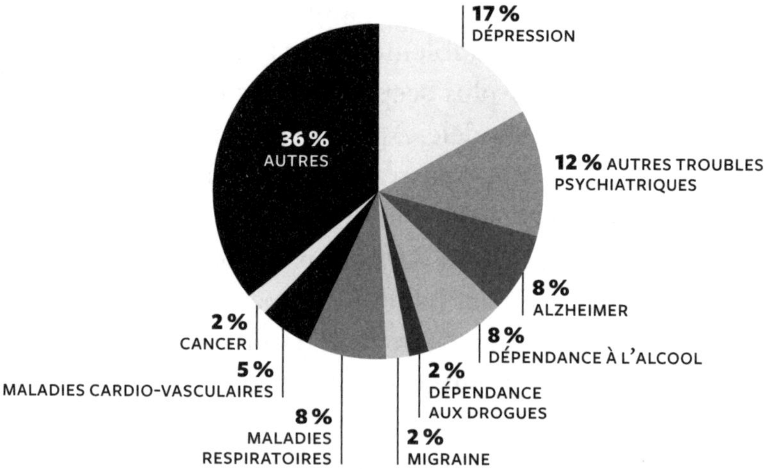

comme un trésor extraordinaire, nous la réduisons à un gisement de ressources à exploiter jusqu'à épuisement : jusqu'au dernier poisson, jusqu'au dernier arbre.

Le système dans lequel nous vivons nous a menés très loin dans l'aliénation. Nous vivons comme si nous étions séparés les uns des autres et séparés de la nature. En entretenant des systèmes économiques et sociaux individualistes et injustes, nous mettons en péril la société dont nous faisons partie. Nous sommes un produit de la nature et, aujourd'hui, nous la détruisons. En dégradant la nature, c'est nous-mêmes que nous dégradons. En nous éloi-

> En dégradant la nature,
> c'est nous-mêmes que nous dégradons.
> En nous éloignant de la nature, c'est
> de nous-mêmes que nous nous éloignons.

gnant de la nature, c'est de nous-mêmes que nous nous éloignons. Nous perdons le cap qui nous permettrait de nous diriger vers un plus grand bien-être, tant pour nous-mêmes que pour les autres.

Au bord du précipice

Le concept de « limites planétaires » fut introduit et explicité dans un article paru dans la revue *Nature* en 2009, signé par le Suédois Johan Rockström[9] et vingt-sept autres scientifiques de renommée internationale. Selon Rockström, « la transgression des limites planétaires peut être dévastatrice pour l'humanité, mais si nous les respectons, un avenir brillant nous attend pour les siècles à venir[10] ». En restant en deçà de ces limites, nous préserverons un espace de sécurité au sein duquel l'humanité pourra continuer de prospérer.

LES DIX GRANDS CHANGEMENTS ENVIRONNEMENTAUX

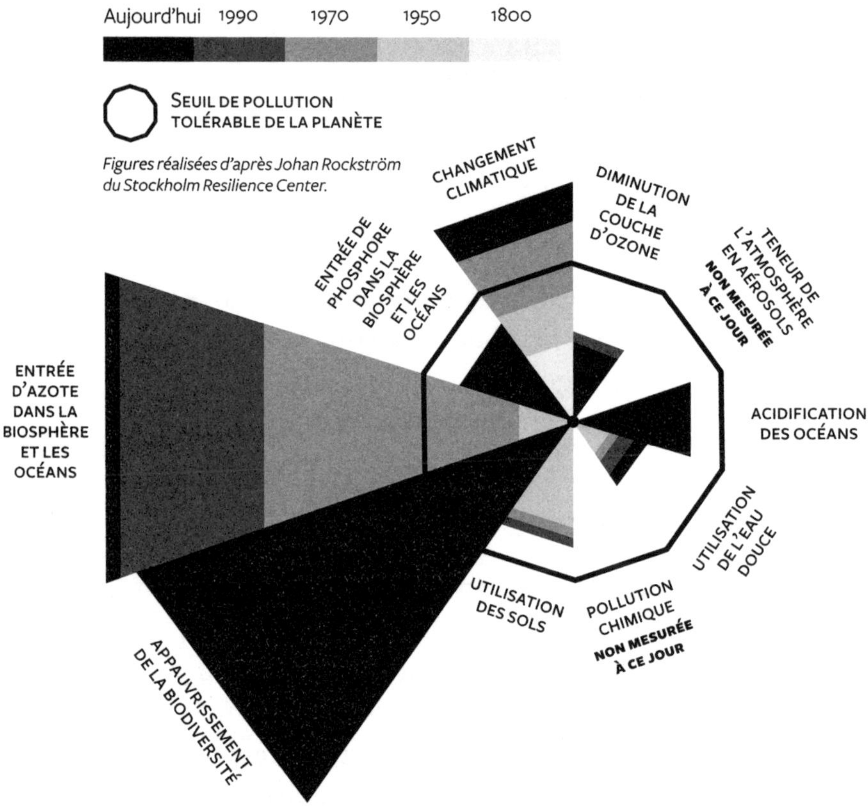

Figures réalisées d'après Johan Rockström du Stockholm Resilience Center.

Pour neufs grands changements environnementaux, des limites à ne pas franchir ont été identifiées et, pour la plupart, précisément quantifiées :

1. **le changement climatique ;**
2. **la diminution de la couche d'ozone ;**

3. **l'utilisation des sols (agriculture, élevage, exploitation des forêts) ;**
4. **l'utilisation de l'eau douce ;**
5. **l'appauvrissement de la biodiversité ;**
6. **l'acidification des océans ;**
7. **les entrées d'azote et de phosphore dans la biosphère et les océans ;**
8. **la teneur de l'atmosphère en aérosols ;**
9. **la pollution chimique.**

Ces neuf facteurs doivent être maintenus dans une zone de sécurité au-delà de laquelle nous risquons d'atteindre un point de non-retour. Comme on le voit sur la figure ci-joint, tous les facteurs mesurés étaient insignifiants en 1900 et restaient, en 1950, encore largement en deçà des limites fixées ultérieurement.

À partir des années 1950, on entre dans une époque que Paul Crutzen, prix Nobel de chimie, a nommé l'« anthropocène », où l'influence de l'homme sur le système terrestre devient prédominante. Hélas, les tenants de la croissance à tout prix dénigrent déjà les scientifiques précurseurs qui alertent l'humanité sur l'urgence d'un changement. On assiste alors à ce que les scientifiques appellent la « grande accélération ». Tout augmente : la popu-

Les aberrations de l'élevage industriel

Les animaux, des êtres sensibles transformés en machines à viande

On estime à environ 150 milliards le nombre d'animaux terrestres tués par an pour la consommation humaine. Chaque année, les humains décident donc où, quand et comment ces animaux, après avoir vécu en moyenne 1/60e de leur potentiel de vie dans des conditions innommables, vont la terminer.

Impact environnemental

Dans les grands centres d'élevage intensif, on peut trouver jusqu'à 50 000 veaux ou 100 000 poulets entassés dans un seul endroit. Le méthane qu'émettent les bovins est un gaz qui contribue dix fois plus à l'effet de serre que le dioxyde de carbone et participe fortement au réchauffement global. L'élevage industriel est, après les bâtiments et avant les transports, la deuxième cause d'émissions de gaz à effet de serre.

Source d'inégalités

La grande majorité de cette viande est consommée dans les pays riches, mais c'est essentiellement sur les terres arables des pays pauvres que l'on cultive les protéines végétales qui serviront à nourrir le bétail.

Dix kg de protéines végétales directement assimilables sont utilisées pour produire 1 kg de viande. Un hectare de terre peut nourrir 50 végétariens mais seulement 2 carnivores. Chaque année, 750 millions de tonnes de soja et de maïs sont produites uniquement pour l'élevage industriel et les biocarburants, alors qu'1,4 milliard d'êtres humains sont sous-alimentés dans le monde.

Et notre santé ?

Tout cela n'est même pas bon pour la santé des êtres humains : d'après une étude effectuée à l'université Harvard en 2012 sur plus de 100 000 personnes suivies pendant plusieurs années, la consommation quotidienne de viande est associée à un risque accru de mortalité cardio-vasculaire – 18 % chez les hommes et 21 % chez les femmes – et de mortalité par cancer – respectivement 10 % et 16 %[11].

lation, l'utilisation d'engrais et d'eau pour l'agriculture, la surpêche et la pollution des mers, le nombre de véhicules et la pollution comme l'oxyde de carbone, le méthane, qui vient de l'élevage industriel, la diminution de l'ozone. Les courbes montent de manière vertigineuse, et tous ces problèmes sont liés.

Aujourd'hui, trois facteurs majeurs ont franchi leurs limites respectives – le changement climatique, la perte de biodiversité (devenue dix à cent fois supérieure au taux de sécurité[12]) et la pollution par les composés azotés (trois fois supérieure à la limite de sécurité) –, et les six autres s'en approchent rapidement. On constate que la nature souffre énormément de toutes les inventions humaines. Elle est détruite dans sa structure matérielle : nous finissons par respirer de l'air pollué, par boire de l'eau dénaturée, et par manger des aliments qui sont l'un et l'autre : nous sommes en train de nous couper des sources mêmes qui, depuis les origines, ont constitué la vie. Sans oublier la perte de la biodiversité domestique : 60 % de ce patrimoine transmis de génération en génération a disparu en moins d'un siècle. L'humanité se voit constamment appauvrie dans sa capacité à survivre. Les nitrates ont largement dépassé le taux de sécu-

> L'impasse générale dans laquelle nous nous trouvons est douloureuse, mais elle peut être fertile, à condition que nous n'attendions pas trop.

rité, le changement climatique dévoile de plus en plus ses conséquences meurtrières aux quatre coins du globe.

Il y a bien sûr une marge d'incertitude dans les évaluations de ces limites, mais, ce qui est certain, c'est que la biosphère est entrée dans une zone dangereuse. Où risquons-nous de nous retrouver en 2050 ? Au rythme actuel, 30 % de toutes les espèces auront disparu de la surface du globe, et, parmi elles, des millions d'espèces d'insectes indispensables à la sauvegarde de la biodiversité. Nos excès d'hier et d'aujourd'hui compromettent l'existence même de ce long terme. Imaginez que, de nos jours, cent mille personnes décident à huis clos du sort de sept milliards d'humains en vie aujourd'hui et de centaines de milliards d'humains et d'espèces animales qui ne sont pas encore nés et ne peuvent donc même pas protester. Si l'on y songe, la plus

> L'altruisme est le fil d'Ariane qui permet de réconcilier ces trois temps.

flagrante violation des droits des êtres vivants est de saboter la planète dont les générations futures hériteront.

Un nouveau fil d'Ariane

De nombreux indicateurs montrent que nous sommes allés très loin dans la destruction de la Terre. Peut-être nous réveillons-nous un peu tard, mais peut-être avons-nous encore la possibilité d'utiliser toutes les facultés de l'intelligence humaine pour œuvrer non pas à la destruction de la planète, mais à l'établissement d'une harmonie durable entre les êtres vivants et leur environnement. L'impasse générale dans laquelle nous nous trouvons est douloureuse, mais elle peut être fertile, à condition que nous n'attendions pas trop. Elle relance le doute, et ce doute est propice à l'émerger d'autres modes de pensée.

Un grand financier américain a déclaré il y a quelques années, en parlant de l'élévation du niveau des océans et de ses conséquences présentes et à venir, qu'il trouvait absurde de modifier quoi que ce soit dans nos modes de vie actuels pour un changement hypothétique dans cent ans. Comment sortir de cette attitude profondément égoïste et irresponsable – «Après moi, le déluge» ?

Cette question nous conduit à l'un des grands défis du monde moderne : réconcilier trois échelles du temps, l'échelle du court, terme qui régit de plus en plus nos économies, celle du moyen terme, qui concerne la qualité de vie des êtres humains, et celle du long terme, qui a trait à l'environnement.

- **Pour illustrer le court terme**, la finance est un bon exemple : nous suivons tous avec un regard éberlué les hauts et les bas des cours de la Bourse, et rares sont ceux qui y comprennent encore quelque chose. Les salles de marchés sont envahies d'ordinateurs capables d'effectuer jusqu'à quatre cents millions d'opérations par seconde afin d'intercepter les plus infimes variations avec des milliards à la clé.
- **Le moyen terme** est le temps d'une génération, d'une famille, d'une carrière, d'une vie.
- **Le long terme**, celui de l'évolution de notre

planète, se compte par tranches de dix mille ou cent mille ans, mais désormais, le rythme des changements s'est accéléré.

L'altruisme est le fil d'Ariane qui permet de réconcilier ces trois temps. Avoir plus de considération pour les autres dans le court terme, cela veut dire ne plus jouer au casino avec l'épargne des gens qui ont fait confiance aux banques et aux investisseurs, c'est assurer à tous une qualité de vie décente qui leur permet de s'épanouir dans l'existence, et c'est ne pas saboter la planète que nous livrons aux générations futures.

Il faut, pour ce faire, respecter et protéger les droits au bien-être de tous les êtres vivants et s'épanouir dans une sobriété heureuse, libre des affres créées par la soif de consommation sans limites. Il faut préserver le lien à l'essentiel. L'antidote, c'est aussi de mettre fin aux clivages, comprendre l'unité de la réalité et toutes les interdépendances au niveau écologique. Comprendre enfin que l'espèce humaine est une et indivisible, en dépit de nos apparences. Nous avons une profonde identité commune.

Dans tous les cas, il ne pourra y avoir de changement de société sans changement humain puisque c'est nous qui organisons la société selon notre manière de voir.

2

SE LIBÉRER D'UNE SOCIÉTÉ ALIÉNANTE

CHRISTOPHE ANDRÉ

Médecin psychiatre, il est l'un des premiers à avoir introduit la méditation en psychothérapie, à l'hôpital Sainte-Anne, à Paris.

Une première étape du changement consiste, me semble-t-il, à s'occuper de soi-même. Si je dis cela, c'est peut-être parce que je suis psychiatre, et non agriculteur ou politicien. Il est fondamental de s'occuper de soi-même non par nombrilisme ou par égoïsme, mais pour protéger et restaurer ce qui fait notre humanité : notre intériorité.

Et cette intériorité est menacée par une certaine forme de modernité.

Ainsi, plus nous devenons des consommateurs, des machines à acheter, à suivre la mode, à regarder la télé ou d'autres écrans, moins nous sommes humains... Et moins nous sommes humains, plus nous devenons une menace pour les autres humains et pour la Terre tout entière. Telle est ma conviction.

Mon propos peut ressembler à une critique en règle de la vie moderne. Tout n'est pourtant pas problématique dans la modernité : pour ne donner qu'un petit exemple, sans les innombrables avantages du progrès, la rencontre qui a donné naissance à ce livre n'aurait pu se dérouler.

La question n'est donc pas ici de dénoncer, de dénigrer, de jeter aux orties la modernité et le progrès, car nous vivons une époque passionnante et merveilleuse, mais bien plutôt de réfléchir à ce que pourrait être un bon usage, un usage prudent et surtout exigeant, de nos conditions de vie moderne. L'urgence de ces changements, une urgence comme il n'y en a jamais eu encore dans l'histoire de l'humanité, ne fait pas de doute. « Nous devons apprendre à vivre ensemble comme des frères, sinon nous allons mourir tous ensemble comme des idiots », nous prévenait déjà Martin Luther King

Il est fondamental de s'occuper de soi-même non par nombrilisme ou par égoïsme, mais pour protéger et restaurer ce qui fait notre humanité : notre intériorité.

dans son dernier discours, quatre jours avant son assassinat.

Parmi toutes les menaces qui pèsent sur notre destin et sur la nature qui nous entoure, j'ai choisi de présenter ici quelques travaux qui démontrent l'impact du matérialisme sur les gens – ceux que je suis amené à soigner, ceux que je suis amené à côtoyer –, sur mes proches et sur moi-même. Ces travaux ont aussi l'avantage d'être intimement liés à chacun de nos gestes quotidiens, ce qui nous donne autant d'occasions d'agir, comme on le verra en fin d'ouvrage.

La pollution matérialiste

On peut légitimement se demander si, pour la première fois dans l'histoire de l'humanité, les progrès technologiques ne vont pas finir par engendrer

Plus une société ou un individu sont matérialistes, plus ils s'éloignent du bonheur.

plus de problèmes que de solutions. On sait par exemple aujourd'hui que plus une société ou un individu sont matérialistes, plus ils s'éloignent du bonheur[1]. Attention, en psychologie, le mot « matérialisme » n'a pas le même sens que chez les philosophes : il s'agit de la démarche qui nous conduit à privilégier des valeurs *matérielles* comme l'argent, le statut social ou la possession, au détriment d'engagements plus *immatériels* comme le partage, la spiritualité, l'équilibre intérieur, etc.

Il existe une multitude de travaux scientifiques qui montrent tous que le matérialisme entraîne de la souffrance, contrairement à ce qu'essaie de nous faire croire une société qui nous incite à consommer pour être plus heureux. Car si les publicités sont efficaces, c'est parce qu'elles nous vendent des promesses de mieux-être, et non des canapés, des voitures ou des vêtements. Or, nous savons désormais avec certitude que ces achats n'entraînent une amélioration du bien-être que transitoire, du fait de l'habituation hédonique. Qu'est-ce que l'habituation hédonique? C'est cette capacité que nous avons à oublier de nous réjouir d'une source de bonheur si elle est là tous les jours. Tout comme une personne valide considère qu'il est normal de pouvoir marcher sur ses deux jambes et oublie que c'est un bonheur et une grâce... jusqu'au jour où elle se fracture une cheville. Tim Kasser, professeur de psychologie aux États-Unis dont Matthieu reparlera dans son chapitre, a publié de nombreux articles scientifiques[2] sur l'impact du matérialisme galopant dans notre société.

C'est un phénomène très préoccupant parce qu'il contamine peu à peu les jeunes générations. L'idée n'est pas de dire que nous, les anciens, sommes «bien» et que les jeunes sont «moins bien». C'est plutôt l'inverse: nous sommes responsables du monde dans lequel grandissent nos enfants et responsables des valeurs que nous leur transmettons. Et ce monde est contaminé, pollué par les valeurs matérialistes. Depuis quelques décennies, les universités font passer des questionnaires de profil de personnalité aux étudiants qui s'inscrivent chaque année. On s'aperçoit que, depuis les années 1960, la tendance au matérialisme s'amplifie chez les étudiants, qui sont les citoyens du monde de demain[3]. On peut se dire que c'est un échantillon de population limitée, en Amérique du Nord, que ce sont des étudiants de l'université et non l'ensemble des jeunes, etc. Mais il est très probable que cette maladie matérialiste nous concerne tous et gagne petit à petit l'ensemble des habitants de la planète, puisque l'occidentalisation progresse un peu partout dans le monde.

C'est un vrai problème parce qu'une culture, une civilisation ne se réduisent pas aux objets qu'elles produisent, elles existent aussi à travers les valeurs qu'elles promeuvent et qui sous-tendent le fonctionnement de la société. Or, ces valeurs sont de plus en plus contaminées ou remplacées par des notions extrêmement matérialistes comme le statut social, l'argent, l'apparence, la dominance, la performance, la valeur économique des personnes, leur coût social, etc. Certaines valeurs plus fondamentales commencent même à être abîmées par ces polluants sociologiques, comme les nappes phréatiques le sont par des substances chimiques.

Ce processus n'est pas nouveau. Le poète et philosophe américain Thoreau dénonçait déjà ce phénomène au XIXe siècle, au moment de la naissance du capitalisme américain et du monde moderne[4] : « Je pense que notre esprit peut être sans cesse profané par le fait d'assister régulièrement à des choses triviales, de sorte que toutes nos pensées seront teintées de vulgarité. » Il avait la certitude que plus nous étions exposés à un univers marchand, extrêmement cynique, plus nous étions contaminés, même si, au début, nous n'adhérions pas à ces valeurs.

Le simple fait de côtoyer ce monde sans prendre garde, sans garder nos distances et sans le contester, nous met en danger. Il ne suffit pas de croire que nous avons notre autonomie et notre liberté vis-à-vis de ces dérives, nous devons bien comprendre qu'elles imprègnent notre esprit aussi sûrement que la pollution de l'air, de l'eau ou des aliments pénètre dans notre corps. C'est exactement la même chose : il s'agit de pollutions psychologiques et sociales extrêmement puissantes et constantes.

L'hyperconsommation et la pléthore

Le premier problème auquel nous devons être attentifs, c'est la pléthore. Depuis que l'humanité existe, la plupart des sociétés humaines ont été confrontées à la rareté, notamment en matière de nourriture. Pour y avoir accès, il ne suffisait pas de tendre le bras. Il fallait s'engager car, même si la nourriture était accessible, la collecte nécessitait un certain nombre d'efforts. Dès lors, la valeur symbolique de l'alimentation était préservée. Aujourd'hui, cette maladie matérialiste spécifique des pays occidentaux est en train de contaminer le rapport à la nourriture dans le monde entier. Les pays émergents, dès qu'ils commencent à s'enrichir, basculent très vite des maladies de carence aux maladies de pléthore et, dans certaines grandes villes, les deux fléaux se combinent. Là où les habitants souffraient de sous-nutrition il y a quelques années, des problèmes d'obésité et de diabète de type 2 (par surcharge pondérale) apparaissent.

Le fait de vivre dans une société où il y a, par exemple, surabondance de nourriture, est un problème, ce n'est pas une chance. L'expérience des rats de cafétéria est, à ce titre, édifiante[5].

Une autre étude est aussi très révélatrice de la pléthore contemporaine. En 2010, des chercheurs se sont penchés sur tous les tableaux de peinture occidentale représentant la Cène, le dernier repas de Jésus[6]. Ils se sont aperçus qu'en un millénaire, la taille des assiettes et la quantité de nourriture représentée par les artistes avaient augmenté de 70 %. Les assiettes frugales des Cènes d'origine ont peu à peu laissé place à des plats de plus en plus copieux. Ces tableaux sont le reflet de cette tendance à l'excès : les assiettes sont trop grandes, les portions trop grandes aussi.

L'expérience des rats de cafétéria

L'idée consiste à prendre des souris jumelles qui possèdent donc les mêmes caractéristiques génétiques, le même passé, bref, qui sont en tout point comparables.

- Les souris du premier groupe ont un accès libre à la nourriture habituelle des rongeurs (graines, légumes, etc.) : elles peuvent en manger à volonté. On constate que l'accès libre à la nourriture ne modifie en rien leur apparence physique.
- Dans une autre cage, le second groupe de souris a un accès libre à de la nourriture dite de « cafétéria », c'est-à-dire très salée, très sucrée, très colorée, le genre de produit que l'on voit dans les publicités. Les souris se gavent et mangent bien plus qu'elles n'en ont besoin car leur cerveau n'est pas conçu pour résister à cette variété. Rapidement, elles deviennent obèses.

Conclusion : les premiers rongeurs n'ont mangé que ce dont ils ont besoin. Ils écoutent leur corps puis s'arrêtent. Confrontés à cette pléthore de mauvaise nourriture sans arrêt différente, les rats de cafétéria n'arrivent plus à se réguler et tombent malades.

Les diabétologues se sont intéressés à ce modèle et l'ont transposé aux humains, prouvant que l'épidémie actuelle de diabète est, en grande partie, liée à ce type d'environnement alimentaire[7].

> Ainsi, le simple fait d'être confrontés à l'argent nous rend moins solidaires et nous éloigne des autres.

Dans ce contexte, comment résister ? En étant attentifs à notre comportement à table, peut-être pourrions-nous commencer à agir ? En société, pour ne pas manger, il faut souvent faire un effort, alors que manger est spontané. Là réside le problème et voilà pourquoi le changement est à la fois simple (dire non) et difficile (faire un effort).

La surexposition à l'argent

Une autre série de travaux, cette fois dédiés à la surexposition à l'argent, présente des résultats tout aussi troublants. Dans une étude marquante[8], des volontaires étaient séparés en deux groupes. Le premier était soumis au « priming », une technique qui active le subconscient des sujets sur une thématique donnée : concrètement, on leur fait faire une série de petits exercices sur ordinateur, dont l'objet importe peu, mais qui sont entrecoupés d'apparitions, en fond d'écran, de billets de banque. Dans le second groupe, le groupe contrôle, les sujets font exactement les mêmes exercices, mais les images de billets sont remplacées par des fleurs, des chaussures, des tables, ou toute autre image neutre. Autre exemple d'exercice : on leur demande de classer des bouts de papier en fonction de la taille et du chiffre y figurant. Pour le groupe soumis au « priming », les papiers sont remplacés par des billets de banque.

Le but est donc d'exciter discrètement la pensée « argent » chez certains volontaires, dans un premier temps. Lors d'une deuxième étape, on réunit les participants des deux groupes dans une salle de travaux pratiques où on leur demande de résoudre des problèmes plus ou moins compliqués, en précisant que, s'ils ont besoin d'aide, ils peuvent faire appel aux autres participants. Les sujets stimulés par l'argent vont solliciter moins d'aide et, quand eux-mêmes seront sollicités, ils donneront moins de conseils et y consacreront moins de temps. Quand l'examinateur, assis dans un fauteuil, leur demande après l'épreuve : « Venez vous asseoir à côté de moi. Approchez la chaise, on va discuter un petit peu... », les volontaires activés par l'argent approchent leur chaise moins près de l'examinateur que les individus du groupe contrôle.

Ainsi, le simple fait d'être confrontés à l'argent nous rend moins solidaires et nous éloigne des autres, et ce au moins pour quelque temps après l'expérience. Là où les résultats de cette étude sont inquiétants, c'est lorsqu'on sait à quel point l'argent est omniprésent dans nos vies et à quel point certaines personnes le mettent au centre de leur existence (par cupidité pour l'accumuler, ou par nécessité pour ne pas en manquer).

Écrans, sollicitations digitales et vols d'attention

À la pléthore de nourriture s'ajoute la pléthore d'interruptions et de sollicitations : les sonneries, les SMS, les mails, les tweets, toutes ces sollicitations numériques posent problème. Les études sur le bien-être démontrent qu'une demi-heure de marche en milieu urbain est nettement moins bénéfique pour la santé qu'une demi-heure de marche en forêt ou dans un parc[9]. Il y a peut-être là des explications liées à la pollution, mais une autre hypothèse désigne comme responsable le flux d'attention irrégulier, notre état de conscience sans arrêt interrompu par le bruit, les feux rouges, les panneaux publicitaires qui sans cesse nous attirent, captent notre esprit par toutes sortes de stimuli urbains.

> *Je me souviens d'une histoire que m'avait racontée l'une de mes patientes. Un soir qu'elle regardait une émission de variétés à la télévision, elle crut apercevoir, dans l'appartement à l'opposé de sa cour d'immeuble, le stroboscope d'une boîte de nuit. C'était en fait la télévision du voisin qui projetait des images saccadées aux couleurs criardes. Et elle se dit : « Qu'est-ce qu'il prend dans la tête ! S'il est épileptique, il va faire une crise… C'est fou comme ce programme télé clignote dans tous les sens ! » Puis elle se remet à suivre son émission. Et tout à coup, elle a un doute : elle regarde à nouveau les clignotements de la télé du voisin, puis la sienne, et se rend compte qu'elle regarde la même émission que lui ! Absorbée par ce programme, elle ne réalisait pas à quel point elle subissait elle aussi les changements incessants de plans-séquences.*

Si l'on compare la télévision des années 1960 à celle d'aujourd'hui, on comprend que le changement principal n'est pas tant l'apparition de la

« Nous devons apprendre à vivre ensemble comme des frères, sinon nous allons mourir tous ensemble comme des idiots. »

Martin Luther King

couleur, mais bien plutôt l'accélération du rythme, le passage de plans-séquences pouvant durer plusieurs minutes à des plans excédant rarement les 3 secondes. Ces images fragmentées favorisent-elles l'écoute des arguments de l'orateur qui s'exprime ? Évidemment non, elles transforment juste le débat en spectacle télé. De plus, cette fragmentation des images représente, sans que l'on s'en rende compte, une agression cérébrale, empêchant notre cerveau de se poser, d'écouter, de réfléchir, de juger sur le fond et non sur la forme.

Cette accumulation de sollicitations génère pour un certain nombre d'entre nous, si ce n'est pour la totalité, des problèmes de stabilité attentionnelle. Celles et ceux qui pratiquent la méditation savent que, lorsqu'on commence à méditer, on ne trouve pas le calme, le vide, mais un grand tumulte intérieur, l'instabilité de notre pensée qui s'égare. Certes, c'est la tendance naturelle de notre esprit que de bavarder ainsi en permanence. Là encore, notre environnement actuel, au lieu de nous aider, aggrave considérablement cette tendance et nous pousse à ne plus réfléchir dans la continuité, mais à être juste réactifs à ce qu'on nous montre. Tout devient un spectacle entrecoupé de publicités.

Des chercheurs ont montré que notre bien-être ne dépendait pas seulement de notre activité, mais aussi du fait que nous étions présents, ou non, à ce que nous faisions.

De nombreux travaux montrent l'irrésistible tendance de notre esprit à vagabonder. C'est quelque chose de naturel mais qui est renforcé par les pollutions multiples que nous subissons. Dans une étude récente[10], des chercheurs ont demandé à plusieurs milliers de personnes de noter plusieurs fois par jour ce qu'ils faisaient, comment ils se sentaient (« plutôt bien » ou « plutôt mal ») et, surtout, s'ils étaient attentifs à l'activité qu'ils étaient en train de faire ou si leur esprit était parti ailleurs. À cet effet, ils avaient dû télécharger un logiciel sur leur portable qui sonnait au moment de répondre aux questions. En d'autres termes, on demandait aux personnes de prendre conscience de leur degré de présence à l'activité dans laquelle elles étaient engagées. Ces chercheurs ont montré que notre bien-être ne dépendait pas seulement de notre activité, mais aussi du fait que nous étions présents, ou non, à ce que nous faisions, et ce quelle que soit l'activité.

À l'inverse, plus notre esprit vagabonde, moins nous nous sentirons bien. Par exemple, entourés de nos amis mais absents par l'esprit, nous sommes bien moins heureux que si nous nous consacrons pleinement à notre travail ! Cette vérité de l'instant rappelle l'importance de la stabilité attentionnelle pour notre bonheur. On comprend l'importance et l'impact majeur et mesurable que peut avoir sur notre bien-être la manière dont nous conduisons nos activités et dont nous sommes présents au monde.

Les dangers de la pression du temps

L'énorme pression du temps que notre mode de vie nous impose est un sujet peut-être plus troublant encore. La pléthore des choses à faire pendant les week-ends, les vacances, durant nos heures de loisirs, nous submerge.

> *Il m'arrive parfois de me réveiller le dimanche matin et de me dire : « Mais comment vas-tu pouvoir, en une seule journée, voir tous les gens que tu veux voir, passer tous les coups de téléphone que tu dois passer, faire tout*

le bricolage que tu dois faire ?» Nous sommes dimanche, tout va bien, et pourtant, parfois, la pression est là : quelle absurdité !

Une étude expérimentale déjà assez ancienne montre comment un petit détail comme le sentiment d'urgence peut bousculer nos valeurs et modifier nos comportements. Cette observation portait sur des étudiants en théologie au profil identique. Les chercheurs leur demandaient de préparer une homélie sur la parabole du Bon Samaritain[11]. Cette parabole, tirée du Nouveau Testament, raconte comment un voyageur passant dans une région un peu dangereuse est attaqué par des brigands qui le frappent, le dévalisent puis le laissent pour mort au bord du chemin. Un premier voyageur passe, puis un autre, mais ils ne s'arrêtent pas, probablement parce qu'ils ont peur.

On donne aux étudiants la consigne suivante : « Vous allez étudier ce texte avec attention et préparer un sermon que vous enregistrerez dans un studio situé dans le quartier voisin. » Une fois les étudiants sensibilisés, grâce au texte, à l'altruisme et à l'aide à apporter aux inconnus, ils sont envoyés pour enregistrer leur homélie dans un studio proche. À la moitié de ces étudiants, on dit : « Vous avez le temps, ne traînez pas trop en route, mais ça va aller... » Et à l'autre moitié : « Dépêchez-vous, vous êtes en retard, allez-y vite sinon votre tour va passer et vous ne pourrez plus enregistrer ! » Sur le chemin, un comparse a pour mission de s'allonger par terre et de geindre, comme le voyageur qui a été agressé. Les chercheurs voulaient voir si les traits de caractère, de personnalité, la qualité du texte qu'ils avaient étudié avaient une influence sur l'aide apportée. La pression du temps que l'on avait fait peser sur les épaules des étudiants s'avéra être la variable la plus influente. Les deux tiers des étudiants sur lesquels on n'avait pas fait peser la pression du temps s'arrêtaient pour aider la personne qu'il fallait secourir, et seulement un tiers ne s'arrêtait pas (ils devaient être stressés par la perspective de leur enregistrement !). En revanche, la pression du temps exercée sur l'autre groupe faisait qu'ils n'étaient plus que 10 % à s'arrêter ! Un sur dix ! Alors que ces étudiants en théologie venaient de travailler sur une parabole parlant d'altruisme !

Cela encore doit nous inciter à beaucoup de modestie. La facilité avec laquelle nos bonnes intentions et nos valeurs peuvent être bousculées par un simple sentiment de fausse urgence est déconcertante, vexante, humiliante, déprimante... mais bien

La parabole du Bon Samaritain

Martin Luther King, dans l'un de ses derniers discours avant d'être assassiné, reprenait cette parabole en expliquant :
« Vous savez, il est possible que le prêtre et le lévite aient vu cet homme allongé et se soient demandé si les brigands n'étaient pas encore dans les parages. Peut-être même ont-ils cru que l'homme faisait seulement semblant. Qu'il feignait d'avoir été dévalisé et blessé pour les piéger sur-le-champ, les tromper pour se saisir d'eux tout soudain et plus aisément. Aussi la première question que le lévite avait posée était : "Si je m'arrête pour aider cet homme, que va-t-il m'arriver ?"
Mais le Bon Samaritain était alors passé. Et il avait posé la question à l'envers :
"Si je ne m'arrête pas pour aider cet homme, que va-t-il lui arriver ?"
Martin Luther King rappelle, avec beaucoup d'intelligence, que les deux personnes qui ne se sont pas arrêtées avaient sans doute la même raison que nous : la peur. Le troisième passant, le Samaritain, donc, s'arrête. Il secourt le voyageur, l'emmène dans une auberge et donne de l'argent à l'aubergiste pour que l'on s'occupe de lui.

réelle ! Nos dispositions naturelles ou nos valeurs sont constamment entravées par de petits détails comme ceux-ci. Il faut débusquer inlassablement les façons dont, dans nos vies, l'impression d'être bousculé par le temps, par la masse des choses à faire, peut progressivement dénaturer nos capacités à être de bons humains.

Que pouvons-nous apporter concrètement à la société ?

Que faire ? Cela peut paraître dérisoire mais commencer à agir, c'est d'abord comprendre que ces réalités existent, qu'elles ont un impact sur nous, et en prendre conscience. Prendre conscience que cette pollution de nos esprits, de nos cœurs, de nos valeurs existe, qu'elle nous imprègne, ne doit être ni sous-estimé ni négligé. Face à ces multiples influences, notre attitude doit être active, vigilante et très exigeante.

Évidemment, chaque fois que l'on veut changer quelque chose, cela suppose un certain nombre d'efforts. En tout état de cause, il est important de ne pas sous-estimer l'adversaire. Une des convictions qui m'est venue en lisant les études que j'ai citées peut se résumer ainsi : nous nous imaginons plus malins que nous ne le sommes. C'est une grave erreur de nous croire libres et forts face à ces influences et à ces incitations : nous y sommes au contraire très réceptifs et, souvent, nous n'en mesurons ni l'importance ni la puissance[12]. De nombreux travaux de psychologie et de neuromarketing étudient dans le détail comment nous influencer[13], et les firmes consacrent beaucoup d'intelligence et d'argent à ces manœuvres, faisant un usage intensif des données scientifiques disponibles[14]. Le tout en nous incitant à ne pas trop réfléchir, à ne pas trop nous prendre la tête, à négliger notre vie intérieure.

Il y a quelque temps, on a vu apparaître sur nos écrans des publicités comparant le prix d'une séance de psychothérapie avec celui de divers vêtements. Évidemment, il est plus facile de se remonter le moral en dépensant de l'argent sans réfléchir qu'en réfléchissant, parfois douloureusement, à soi. Cette publicité me semble bien représentative des dangers qui menacent notre époque. Et elles sont nombreuses à jouer sur ce registre : ne vous embêtez pas à aller chez le psy, faites-vous plaisir. Cela peut être drôle, mais ces influences sociales sont toxiques car elles mettent en regard deux démarches qui n'ont rien à voir, qui n'ont pas les mêmes enjeux, et cette pensée, peu à peu, se banalise.

Une fois de plus, ces histoires ne sont pas nouvelles. Au début du siècle dernier, Stefan Zweig soulignait « les conditions nouvelles de nos existences qui nous arrachent au recueillement et nous jettent hors de nous-mêmes comme un feu de forêt jette les animaux hors du bois ».

Ces tendances ont toujours existé, mais leur amplification, leur accélération, les moyens donnés à ces forces déshumanisantes par la société sont, eux, nouveaux. Des solutions existent pourtant, par exemple dans la connexion à nos environnements naturels. Il y a de nombreux points de convergence entre les valeurs de la pleine conscience et les valeurs écologiques que défend Pierre Rabhi. C'est un lien affectif, un lien d'humilité, une conscience de la dépendance à la nature qui nous unit. On sait que ces deux démarches sont parfaitement complémentaires.

Plusieurs travaux soulignent la convergence, voire la compatibilité absolue des attitudes écologiques et celles de la pleine conscience[15]. Ce sont des travaux importants car, à une époque, on entendait souvent dire : « Oui, mais la conscience écologique, c'est tellement de contraintes, c'est tellement de responsabilités que ça agace les gens, ça altère leur qualité de vie, donc ils vont moins s'en-

Nous avons la chance de vivre une époque extrêmement riche et passionnante mais qui, plus que jamais, nécessite que nous ayons, sinon des repères ou des valeurs, du moins ce que l'on appelle dans les pratiques méditatives, une « intention ».

gager... » Les approches méditatives nous rendent beaucoup plus sensibles à nos émotions subtiles[16]. Lorsqu'il se trouve devant une publicité comme devant un plat trop abondant, le méditant aura un peu plus de chance de sentir et d'écouter son cœur qui lui dira alors : « Arrête-toi, ça ne va pas, il y a un problème. » Cette sensibilité peut nous sauver du pilonnage des pollutions qui nous incitent à encore plus de matérialisme.

Enfin, une autre solution consiste sans doute aussi à moins faire reposer notre qualité de vie sur des éléments dépendants du matérialisme et à privilégier des valeurs comme la présence à l'instant, à autrui, à nos émotions, qui entraînent un bien-être totalement compatible avec l'engagement écologique.

Le monde dans lequel nous vivons est un monde merveilleux. Nous avons la chance de vivre une époque extrêmement riche et passionnante mais qui, plus que jamais, nécessite que nous ayons, sinon des repères ou des valeurs, du moins ce que l'on appelle dans les pratiques méditatives, une « intention » : savoir où nous sommes, vers où nous voulons aller, et ce vers quoi nous souhaitons que nos efforts convergent.

Se changer soi pour changer le monde ?

Les deux sont indissociables. Parce qu'on ne peut pas (ou pas seulement) changer le monde sur une impulsion, mais sur la durée et la continuité. Parce que le changement, ce n'est pas (ou pas seulement) détruire ce qui ne va pas, mais construire ce que l'on veut voir émerger. Pour ces raisons, si nous ne portons pas en nous les vertus que nous voulons voir à l'œuvre dans le monde, si nous ne les incarnons pas de notre mieux, nous ne pourrons pas « contaminer » les autres, nous ne pourrons pas résister à la difficulté et à l'adversité.

Tous les progrès accomplis depuis quelques décennies nous donnent une raison d'espérer. Nous avons enfin compris que, malgré notre intelligence, nous sommes fragiles et dépendants. Dépendants les uns des autres, et dépendants de la nature. Cette prise de conscience de notre fragilité et de ses dangers pourrait bien nous sauver.

Ils m'inspirent

MONTAIGNE (1553-1592)

Michel de Montaigne nous rappelle à chaque relecture la saveur de la vie ordinaire. Voyez ce qu'il répondait malicieusement à un interlocuteur imaginaire : « Je n'ai rien faict d'aujourd'huy. – Quoy ? Avez-vous pas vescu ? C'est non seulement la fondamentale, mais la plus illustre de vos occupations… » Montaigne nous rappelle que parfois nous ne faisons rien, mais que toujours nous vivons !
Il nous donne aussi des leçons de sagesse et d'ouverture : par exemple, quand, en voyage à travers l'Europe, il regrette de ne pas avoir emmené son cuisinier avec lui. Parce qu'il n'aimait pas les cuisines locales ? Et qu'il aurait aimé que ce dernier lui concocte de bons petits plats du Sud-Ouest ? Nenni ! C'est exactement l'inverse : il aurait aimé que son cuisinier apprenne les recettes étrangères, pour

pouvoir en régaler ses amis une fois revenus à la maison. L'esprit d'ouverture et la sagesse se nichent parfois dans des petits détails. Non, pas parfois : toujours.
Le vrai sage se décèle non à son discours, mais à sa manière de vivre. Voilà pourquoi, entre autres, j'aime Montaigne, et pourquoi il m'inspire.

Henry David Thoreau (1817-1862)
Thoreau est surnommé le Diogène américain. Dans *La Désobéissance civile*, il posa les fondations de l'action civique non violente. Il inspira Gandhi et Martin Luther King et montra comment l'action déterminée mais exemplaire d'un seul homme pouvait entraîner tous les autres. Thoreau fut capable aussi, comme il le raconte dans un autre de ses ouvrages, *La Vie sans principe*, de s'insurger contre *l'obsession* de l'action : « Je pense qu'il n'est rien, pas même le crime, de plus opposé à la poésie, à la philosophie, voire à la vie elle-même, que cette incessante activité. » Thoreau fit enfin l'éloge, dans *Walden*, son chef-d'œuvre, de la solitude ouverte

sur le monde et sur la vie.
Il fut l'un des précurseurs de l'écologie moderne.
Toute son œuvre, et notamment son monumental *Journal*, qui commence enfin à être traduit et publié en français, est parcourue d'une conviction : c'est seulement en restant en contact avec la nature que l'humain touche à sa plénitude, protège sa santé et stimule son intelligence.
S'il s'en éloigne, il est en danger.

MES TROIS PISTES D'ACTION POUR ÊTRE PRÉSENTS À NOS VIES

1. La détox digitale

Que peut-on faire pour améliorer cette présence à notre vie ? Pour nous affranchir, par exemple, des dépendances digitales ?

☞ Faire en sorte que notre premier geste de la journée ne soit pas d'allumer notre ordinateur et de consulter nos mails ou notre mur Facebook, mais de nous asseoir, de respirer, de méditer.

☞ Prendre la décision, plusieurs fois par jour, de ne pas répondre au téléphone ou à nos mails et de simplement nous concentrer sur ce que nous sommes en train de faire au travail, avec nos proches.

☞ Alors, avant de vouloir changer le monde, avant même de vouloir nous changer nous-mêmes, nous ferions peut-être mieux de commencer par revenir à notre intériorité, à observer ce qui s'y passe, à choisir de nous en occuper et, à partir de là, de reprendre le cours de nos existences, en étant conscients et attentifs des choix que nous avons à faire.

C'est là que les changements commencent. En prenant seuls la décision de se rendre davantage présents à notre vie, nous nous rendons également plus présents pour nos proches, et c'est extrêmement contagieux.

2. Manger en pleine conscience

Lorsque nous sommes face à un plat ou à notre assiette, sommes-nous capables d'écouter notre corps et de nous demander : « Est-ce que j'ai vraiment envie ? Est-ce que j'ai vraiment besoin de manger ce qui m'est présenté ? » Est-ce qu'il faut que je force mes amis, mes enfants à finir ce qui est dans leur assiette ? »

Mais il y a aussi beaucoup d'autres choses à faire : chaque fois que possible, demander les plus petites portions. Militer pour que la tendance malsaine à surdimensionner les parts soit dissuadée. Tout seul, c'est compliqué, nous avons besoin d'associations qui prennent le relais, militent et rouspètent pour interrompre ces gâchis. Et nous devons les soutenir dans leurs actions.

3. Cultiver la gratitude, la générosité

Chaque jour de notre vie, nous rappeler que tous nos bonheurs viennent de ce qui nous entoure : gratitude ! Alors, chaque jour :

☞ faire quelque chose pour un autre humain (un sourire, un réconfort, un don, une aide, une prière) ;

☞ et quelque chose pour la Terre (l'admirer, la remercier, la protéger) ;

☞ puis ne pas oublier de faire quelque chose pour nous (nous accorder un moment de plaisir, de tranquillité, de sens, en pleine conscience) !

Aimez tout : la vie est belle ! Et donnez beaucoup : elle est encore plus belle lorsqu'on partage !

3

PLEINE CONSCIENCE : LA RÉVOLUTION AU CŒUR DE SOI

JON KABAT-ZINN

PROFESSEUR DE MÉDECINE ÉMÉRITE À L'UNIVERSITÉ DU MASSACHUSETTS, IL A FAIT DE LA MÉDITATION UN OUTIL DE SOIN UTILISÉ DANS PLUS DE 700 HÔPITAUX À TRAVERS LE MONDE.*

Si l'on vous demande quelles actions mener pour changer le monde, vous ne penserez peut-être pas de manière spontanée au fait de cultiver une intimité avec vous-même

* *N. B. : ce chapitre a été rédigé à partir des interventions de Jon Kabat-Zinn lors des conférences Émergences à Bruxelles, les 28 et 29 septembre 2012.*

comme une piste intéressante. Ou vous vous direz peut-être qu'il y a des choses plus urgentes à faire, que vous y penserez plus tard… C'est souvent ce que l'on fait d'ailleurs, quand on envisage un changement de cap dans nos habitudes : on fixe l'échéance à « plus tard », demain, dans une semaine, à la rentrée, l'année prochaine.

Mais quand, si ce n'est maintenant, sommes-nous vraiment vivants et quand pouvons-nous vraiment changer quelque chose en nous et dans le monde qui nous entoure ? L'idée que la pleine conscience développe, c'est justement d'être présent à chaque instant de sa vie intensément. Pour expliquer l'importance du moment présent, j'ai coutume de regarder ma montre et, à la question « Quelle heure est-il ? » de répondre : « C'est étonnant, mon Dieu, il est encore maintenant ! »

Krishnamurti disait qu'une vraie relation existe non seulement entre l'intérieur et l'extérieur de soi-même, mais également entre le fait d'être immobile et de se mettre en mouvement. Eh bien, quand on s'attache au sens du moment présent, on voit vraiment qu'il n'y pas de réelle différence entre ce qui se passe à l'intérieur et à l'extérieur de nous-mêmes. Cela semble peut-être évident à lire mais, quand on le vit, c'est une évolution totale, complète.

Pour expliquer l'importance du moment présent, j'ai coutume de regarder ma montre et, à la question « Quelle heure est-il ? » de répondre : « C'est étonnant, mon Dieu, il est encore maintenant ! »

Dans un monde qui contribue à nous projeter hors de nous-mêmes, comme l'a expliqué Christophe André, la méditation de pleine conscience me semble un outil indispensable pour changer le monde, un outil de changement pour s'autoriser à prendre conscience de qui nous sommes, pas pour devenir quelqu'un d'autre. En s'asseyant et en restant simplement immobile, on peut se changer et changer le monde. En fait, qui s'assoit et reste immobile, d'une manière modeste mais non négligeable, a déjà atteint cet objectif.

En termes de changement, on ne peut pas dire que la méditation soit une pratique très variée, mais, dans la méditation, la répétition est une bonne chose. C'est elle qui nous permet de prendre conscience que nous appartenons à un réseau, que nous faisons partie d'un tout qui va bien plus loin

> L'essence de la pleine conscience est véritablement universelle. Elle est davantage liée à la nature de l'esprit humain qu'à toute idéologie, croyance ou culture.

que la surface de notre peau. Et donc, en répétant le même processus d'introspection, on se « taoïse », on prend conscience qu'on est inclus dans un flot de changements perpétuels qui existent indépendamment de nous et de notre conscience.

Les outils de la pleine conscience vous permettent de vous rendre compte que, dans votre vie vous êtes votre propre autorité et la plus importante. Personne sur la planète ne vous connaît aussi bien que vous-même. Et personne n'a autant de possibilités que vous pour incarner la totalité de votre potentiel pour grandir et devenir vous-même.

Un havre de stabilité au milieu de la tourmente

Dans la langue parlée à l'époque du Bouddha, le pali, le mot utilisé pour désigner la méditation était « bhavana », que l'on traduit littéralement par cultiver, se familiariser. Dans la littérature, et notamment à travers les différents courants du bouddhisme, on trouve de nombreuses définitions qui expriment la pleine conscience de manière complémentaire, en se référant à ce qu'en avait dit initialement le Bouddha. Pour ne pas entrer dans la définition des différents termes, retenons qu'il s'agit de cultiver notre sagesse, notre capacité de discernement (au sens de voir clair), notre équilibre d'esprit et de cœur, ce qui peut s'exprimer en termes d'intelligence émotionnelle, de compassion et de bienveillance à l'intérieur de nous-mêmes.

La pleine conscience est la conscience qui émerge lorsque l'on porte son attention sans jugement sur l'instant présent. Nyanaponika Thera, un moine bouddhiste d'origine allemande, disait à propos de la pleine conscience que c'était la clé maîtresse de notre capacité infaillible à connaître l'esprit. L'attention et la conscience n'ont rien de particulièrement bouddhiste. L'essence de la pleine conscience est véritablement universelle. Elle est davantage liée à la nature de l'esprit humain qu'à toute idéologie, croyance ou culture.

Ce à quoi la méditation de pleine conscience nous invite, c'est à cultiver et à développer des capacités qui sont déjà présentes en nous. Pour utiliser une métaphore de Thich Nhat Hanh, qui est en lien avec le chapitre de Pierre Rabhi, les graines sont en terre, le potentiel est là : il est maintenant question d'arroser ces graines régulièrement, de la bonne façon. Il suffit d'ouvrir son cœur. Et comme vivre en pleine conscience nous est très difficile à nous, humains, cette attitude nécessite d'être cultivée non pas une fois de temps en temps quand on se sent particulièrement stressé, mais sur une base vraiment régulière, quotidienne.

Cependant, la véritable pratique méditative est une façon d'être, pas une technique : c'est plus que se tenir assis, sur un coussin ou un tapis. Bien sûr, la posture est aussi importante, mais on ne peut pas limiter la méditation à cela. La pratique embrasse toute notre vie, instant après instant, et concerne les choix que nous faisons ; elle nous ouvre les yeux sur des fonctionnements automatiques fondés sur des habitudes. Il est tellement facile de regarder sans voir, d'écouter sans entendre, de manger sans rien goûter, de ne pas sentir le parfum de la terre humide après une averse, et même de toucher les autres sans être conscient des émotions que l'on échange.

De manière imagée, on pourrait considérer que développer la pleine conscience, c'est un peu comme

La véritable pratique méditative est une façon d'être, pas une technique : c'est plus que se tenir assis, sur un coussin ou un tapis.

se muscler avec des poids dans une salle de sport. Dans la pratique de la pleine conscience, on entre en résistance avec la force de l'habitude et on travaille les muscles du calme, de la clarté mentale, du discernement.

Quand on commence à porter attention et à regarder ce qui se passe dans son esprit, on s'aperçoit que ce n'est peut-être pas le chaos total, mais un chaos mêlé de beaucoup d'autres choses, un mélange complexe dans lequel nous sommes sans cesse en train d'essayer de trouver notre chemin. L'idée de la méditation, c'est de trouver un endroit de stabilité où se poser, au milieu de toute cette complexité. Et le corps est un formidable endroit pour commencer. En anglais, il y a une expression qui dit : « *You can't leave home without it* », vous ne pouvez quitter la maison sans lui (sans votre corps), à l'inverse de tout ce qu'on peut y oublier, comme ses lunettes, ses clés, son portable. C'est la même chose pour notre respiration, qui nous accompagne de notre premier à notre dernier souffle. C'est pourquoi le corps et la respiration peuvent devenir de formidables alliés de votre attention et vous ramener dans le moment présent.

Se servir de la respiration pour s'ancrer dans le présent, ce n'est pas penser au souffle ou aux sensations du souffle, mais sentir le souffle : c'est un peu comme chevaucher les vagues du souffle telle une feuille sur un étang, ou comme si nous étions à bord d'un radeau flottant sur les douces vagues d'un océan ou d'un lac, en sentant les sensations du souffle, moment après moment.

Une connaissance de soi transformatrice

Un jour, le célèbre sage soufi Nasreddin se rend à la banque pour déposer un gros chèque. Le banquier lui dit : « Nasreddin, c'est vraiment un chèque très important. Pourrais-tu t'identifier ? » Nasreddin farfouille dans sa poche mais, au lieu de prendre sa carte d'identité, il en sort un petit miroir. Et après avoir regardé son reflet, très sûr de lui, il répond au banquier : « Oui, c'est ça, c'est bien moi ! »

Dans la pratique de la pleine conscience, on entre en résistance avec la force de l'habitude et on travaille les muscles du calme, de la clarté mentale, du discernement.

Nous avons tous un nom, un âge, nous avons tous une histoire ou plusieurs histoires que nous nous racontons et à laquelle nous nous raccrochons. Nous pensons savoir qui nous sommes, d'où nous venons, où nous allons. Mais en fait, aucune de ces histoires n'est tout à fait vraie. Si nos parents avaient été dans un autre esprit au moment de notre naissance, peut-être nous serions-nous appelés autrement. Et notre âge, finalement, est-il si important ? Après tout, ce n'est qu'une convention calculée sur le nombre de fois où la Terre a tourné autour du Soleil depuis le premier jour de notre vie.

Si, en nous exerçant à la méditation, nous arrivons à habiter la totalité de notre présence, ne serait-ce que le temps d'une nanoseconde, nous pourrons goûter à une autre expérience de nous-mêmes et du monde. Dès que notre esprit se remettra à vagabonder, nous prendrons l'habitude, tout d'abord, de

« Vivre, c'est être utile aux autres. » **SÉNÈQUE**

La pleine conscience n'est pas une thérapie et certainement pas une psychothérapie, mais elle est thérapeutique.

nous rendre compte de ce qui occupe notre esprit, puis, dans un second temps, de le ramener à l'objet premier de notre attention, peut-être la sensation du souffle dans notre corps ou autre chose, quoi que ce soit, et ce à chaque fois qu'il se laissera distraire par nos pensées habituelles. C'est de cette manière que l'on pourra développer cette capacité à être plus pleinement en présence de la totalité des potentiels de notre être humain.

La pleine conscience n'est pas une thérapie et certainement pas une psychothérapie, mais elle est thérapeutique. La connaissance de soi qu'elle apporte est transformative et guérissante en elle-même. C'est là que la sagesse et la compassion résident. Méditer, ce n'est pas se forcer à être heureux quand on est malheureux, ce n'est pas ralentir lorsqu'on va vite, ce n'est pas se forcer à ne pas juger alors que nous jugeons. Car en faisant de la sorte, nous nous jugeons, nous mettons en marche notre esprit autocritique. En outre, cela sous-entend qu'il s'agit simplement de réparer deux ou trois choses pour devenir des êtres éveillés, réalisés, de parfaits bouddhas. Voir la méditation de cette manière, c'est faire fausse route car, en fait, il n'y a rien à réparer, nous sommes déjà parfaits. Il est normal de se sentir par moments angoissés, perdus, tristes. Ce qu'on essaie de développer, c'est simplement une nouvelle façon d'être pendant ce genre d'expérience. Un état où nous étreignons et englobons notre peur, notre anxiété, notre douleur à l'intérieur de cette pleine conscience. Cette attitude nous permet d'entrer en contact avec une tout autre dimension de nous qui était là mais qu'on ne percevait pas, la dimension de notre propre sagesse intérieure que certaines traditions appellent la « nature de Bouddha ».

À cet égard, la pleine conscience peut être vue comme une pratique de libération de l'esprit, au sens où l'on se libère de la mauvaise compréhension que l'on a de la nature réelle du soi. Cela met en clarté l'aspect non dual de la réalité en nous-mêmes. Comme il est écrit dans le Sûtra du cœur : « Il n'y a nulle part où aller, pas de chose à faire ni d'état particulier à atteindre. » Ce serait une erreur de rechercher un état de pleine conscience de l'esprit, un état méditatif. À la place, il est préférable de tendre à reconnaître notre véritable nature telle qu'elle est, juste à cet instant. Il me semble extrêmement important de ne pas consacrer trop d'énergie à viser un état éventuel qu'il faudrait atteindre dans le futur mais, au contraire, de se dévouer entièrement et complètement à la pleine conscience de l'instant présent avec une immense compassion et beaucoup de bienveillance pour soi-même.

La révolution de la pleine conscience

Jusqu'à une période récente, la méditation était perçue au mieux comme une démarche spirituelle et philosophique, au pire comme une fantaisie New Age ou baba cool.

Avec la Mindfulness (ou pleine conscience), on assiste pour la première fois à la confluence de deux courants épistémologiques : d'un côté, les méthodes scientifiques apparues à la Renaissance et, de l'autre, la science provenant du Dharma, développée il y a plusieurs millénaires. À l'image de notre cortex cérébral, qui possède deux hémisphères qui interagissent, de plus en plus de personnes incorporent cette confluence en eux-mêmes, dans leur propre corps, dans leur cœur, dans leur esprit.

Et tous ces gens qui ont été touchés par le potentiel

de changement profond à tous les niveaux de leur être deviennent une source d'inspiration pour leur entourage. Bien entendu, pour comprendre réellement le potentiel de cette approche, le seul moyen est de l'intégrer complètement à son expérience personnelle, mais l'exemple crée déjà une dynamique. Dans le monde médical par exemple, de plus en plus de personnes sont prêtes à consacrer leur vie au développement d'une médecine en pleine conscience, qu'ils soient professionnels ou patients.

Science et conscience

Un matin, lors d'une rencontre de l'Institut Mind and Life (voir encadré p. 92) qui réunissait dans un dialogue informel des scientifiques et des méditants, le dalaï-lama demanda : « Toutes ces discussions sont très intéressantes, mais que pouvons-nous vraiment apporter à la société ? » Ce fut le début d'un programme de recherche sur les effets à court et à long terme de l'entraînement de l'esprit que constitue la « méditation ». J'y participai notamment avec Richard Davidson de l'université du Wisconsin à Madison. Plusieurs études furent lancées dans les laboratoires de Francisco Varela en France, de Richard Davidson et Antoine Lutz à Madison, de

Paul Ekman et Robert Levenson à San Francisco et Berkeley, de Jonathan Cohen à Princeton et de Tania Singer à Maastricht et Zurich. Après la phase d'exploration initiale, des méditants expérimentés – moines et laïques, hommes et femmes, Orientaux et Occidentaux – furent étudiés, tous ayant effectué entre 10 000 et 60 000 heures de méditation consacrées au développement de la compassion, de l'altruisme, de l'attention et de la pleine conscience. Cela donna lieu à plusieurs articles publiés dans de prestigieuses revues scientifiques. Les neurosciences contemplatives étaient nées.

Aujourd'hui, de plus en plus de scientifiques « rationnels » s'intéressent et pratiquent la méditation, ce qui leur permet de concevoir des études scientifiques basées sur leur expérience personnelle, avec un format particulier et un questionnement spécifique. Cette évolution récente nous aide à comprendre vraiment ce qu'est la méditation à la première personne et à approfondir l'exploration. Considérer que la science est exclusivement tournée vers l'extérieur, et les traditions méditatives vers l'intérieur, relève bien sûr de la vanité heuristique et de la généralisation grossière autant que réductrice. Pour autant, on ne peut nier que l'état d'esprit et le mode d'investigation scientifiques donnent

ÉTUDES SCIENTIFIQUES SUR LA MÉDITATION DE PLEINE CONSCIENCE ENTRE 1980 ET 2012[1]

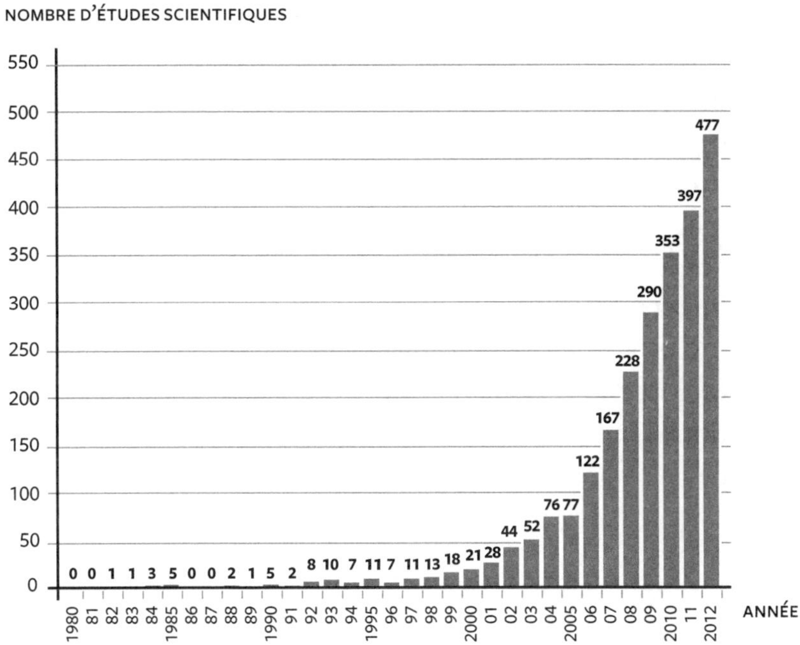

l'impression d'être surtout dirigés vers l'extérieur, alors que du côté des traditions contemplatives, l'exploration paraît plus intérieure.

Les « Dialogues » de l'Institut Mind and Life contribuent à remettre en question et à effacer les démarcations de cette nature. En cela, ils participent à la fertilisation croisée de différents chemins de connaissance et d'initiatives prometteuses en matière de recherche, assurant ainsi l'interface entre les grands mouvements actuellement en cours. Lorsqu'en 1979, il y a trente-quatre ans, j'ai fondé la clinique de réduction du stress au sein de l'école de médecine de l'université du Massachusetts, je n'aurais jamais pu imaginer que la recherche dans le domaine de la pleine conscience connaîtrait une telle vitalité. Elle se développe à une telle vitesse que le nombre d'articles publiés sur le sujet est passé de 1 à 5 entre 2005 et 2010 (voir le graphique p. 91).

Les recherches en neurosciences ont permis de montrer que beaucoup de nos mécanismes fonctionnent comme des sens. C'est notamment le cas de la proprioception, grâce à laquelle nous connais-

Mind and Life

Le dalaï-lama s'est toujours passionné pour les sciences. Les premières rencontres Mind and Life avaient été imaginées comme une série de cours pour lui permettre de se familiariser avec des disciplines scientifiques qui l'intéressaient particulièrement, mais qu'il n'avait pas eu l'occasion d'aborder dans son éducation traditionnelle de moine bouddhiste. Elles se tenaient dans sa résidence à Dharamsala, en Inde. Ainsi est né, en 1987, l'Institut Mind and Life, créé par Francisco Varela, chercheur renommé en neurosciences ayant pratiqué la méditation avec les plus grands maîtres tibétains, ainsi que par l'homme d'affaires américain Adam Engle. Au fil des années, ces dialogues ont accueilli des psychologues et des chercheurs en neurosciences, des médecins et des philosophes, des physiciens, des experts en biologie moléculaire et des éducateurs ainsi que des contemplatifs et des moines issus de différentes lignées bouddhistes et d'autres traditions spirituelles. Aujourd'hui, les travaux de l'Institut Mind and Life ne se limitent plus au dialogue et à la connaissance, ils se traduisent également en programmes, interventions et instruments capables de procurer aux humains des bénéfices tangibles. Progressivement, des séances de dialogues plus largement ouvertes au public se sont ajoutées, intégrant étudiants, scientifiques et intellectuels pour donner l'occasion à davantage de personnes de contribuer à l'énergie de ces investigations collectives[2]. Il existe désormais une branche européenne[3] de l'Institut Mind and Life ; elle est basée à Zurich et propose des conférences et des dialogues de premier plan.

sons la position de nos membres et leur tonus, comme quand on porte un aliment à sa bouche : tout le monde peut le faire les yeux fermés. On n'a pas besoin de voir, le corps sait. Un autre exemple est l'intéroception, qui nous permet de percevoir les signaux de notre corps sans y prêter attention. À cet égard, j'aime penser que la pleine conscience est une de ces capacités sensorielles qui nous permet d'être beaucoup plus familiers avec les échanges qui s'effectuent entre le monde et nous et ce que nous en percevons à travers nos sens.

La pleine conscience, un outil au service des patients

De nombreuses études ont pu mettre en évidence que lorsque des patients s'entraînent à cette culture de l'attention, on assiste à une diminution considérable de leurs symptômes, et ce quelle que soit la pathologie. On constate également une véritable expansion de leurs liens avec leurs proches (famille, amis) ainsi que du champ de leur propre vie. Cela ne signifie bien sûr pas que leur maladie disparaît, en tout cas pas forcément, mais ils découvrent de nouvelles possibilités de se relier à leur expérience du moment, à la maladie, à leur corps, et cela représente une grande liberté. De récentes études réalisées par résonance magnétique ont mis en évidence des changements physiques apparents dans certaines régions du cerveau après seulement huit semaines de MBSR : au niveau de l'hippocampe, du cortex cingulaire postérieur, de la jonction temporo-pariétale et du cervelet, zones impliquées respectivement dans l'apprentissage et la mémoire, l'empathie et la prise de distance, la coordination motrice, l'empathie et la régulation des émotions[4], une densité accrue de matière grise était présente. On a aussi observé un épaississement de l'amygdale, corrélé avec des réductions du stress perçu[5].

Parmi les nombreux bienfaits scientifiquement validés de la méditation de pleine conscience conjuguée à la thérapie cognitive, on peut citer la diminution de 50 % du risque de rechute chez des patients ayant déjà subi au moins deux épisodes de dépression grave[6]. Chez les patients atteints de psoriasis, elle facilite la guérison lors d'un traitement par photothérapie, assez stressant par ailleurs. Avec le docteur Jeff Bernhard, chef du service de dermatologie à l'université du Massachusetts, nous avons formé deux groupes de patients. Pendant ces séances de photothérapie par UV, un groupe était soumis à des exercices de méditation, l'autre non. Les patients qui méditaient guérissaient quatre fois plus vite. Cette étude clinique est un bon exemple de médecine intégrative qui combine des traitements médicaux conventionnels et non conventionnels[7].

En collaboration avec le docteur Richard Davidson, de l'université du Wisconsin à Madison, nous avons mené une autre étude sur le bien-être et la santé. Un premier groupe prenait part au programme de huit semaines de MBSR. Avant le cycle d'initiation à la méditation, les schémas d'activation cérébrale étaient identiques dans les deux groupes. Mais après les huit semaines d'entraînement, les méditants affichaient une augmentation de l'activation dans certaines régions du cortex frontal gauche, alors que l'inverse s'était produit pour le groupe qui n'avait pas suivi la formation. Ces changements cérébraux signalent une augmentation des émotions positives et une gestion plus efficace des difficultés en condition de stress. Le groupe de participants qui avaient pratiqué (le groupe « MBSR ») montrait également une plus grande réponse immunitaire au vaccin contre la grippe qui leur était administré à la fin de l'étude. Enfin, toujours dans ce groupe, on notait une corrélation significative entre l'évolution qui s'était produite dans le cortex cérébral des participants (activation du côté gauche plutôt que

Un exemple concret : le programme clinique de réduction du stress par la pleine conscience (MBSR)

Le programme[8] clinique de réduction du stress par la pleine conscience MBSR (Mindfulness-Based Stress Reduction) se présente comme une formation de huit semaines que des patients suivent à l'hôpital, un jour par semaine, plus toute une journée en silence, le samedi de la sixième semaine. Les séances hebdomadaires durent deux heures et demie, et comptent entre 20 et 30 participants atteints de différentes pathologies (douleur chronique, stress, maladie, etc.).

Pendant toute la durée du cycle, les participants s'engagent à 45 minutes par jour de différentes pratiques de méditation formelles (balayage corporel, méditation assise, Hatha yoga en pleine conscience) et informelles (intégrées à la vie quotidienne).

Ce type de programme connaît un succès exponentiel (voir le graphique p. 91).

La MBSR est enseignée dans 550 centres, hôpitaux et cliniques rien qu'aux États-Unis, et dans 700 autres institutions médicales à travers le monde, que ce soit en Amérique du Sud, à Hong Kong, en Chine, en Australie, en Europe ou au Canada.

droit) et la production d'anticorps, alors qu'aucune corrélation n'était présente dans le groupe contrôle[9].

Cultiver l'attention

La pleine conscience a aussi beaucoup à apporter au monde des organisations. Dans une des recherches les plus célèbres sur l'attention, les chercheurs en psychologie Daniel Simons et Christopher Chabris de l'université d'Illinois[10] ont fait visionner à des étudiants un enregistrement vidéo de 75 secondes où l'on voit deux équipes de trois étudiants jouer au basket, équipes qui se différencient par la couleur de leur dossard, blanc ou noir. Il est ensuite demandé à la moitié des participants de compter le nombre de passes que se font les dossards blancs, et à l'autre moitié des participants celles effectuées par les dossards noirs. Après 45 secondes, une personne habillée en gorille traverse le terrain. Alors que 67 % des observateurs des dossards noirs le remarquent, seuls 8 % des autres participants, ceux qui comptaient les passes des joueurs aux dossards blancs, le voient. Lorsque je montre cette vidéo en conférence, j'arrive toujours au même résultat, alors même qu'elle est visible sur Internet et que cette recherche a été publiée. Qu'est-ce qui explique ce paradigme que les chercheurs appellent l'évitement attentionnel ? Comment pouvons-nous ne pas voir quelque chose d'aussi visible qu'un homme grossièrement déguisé en gorille ? Le fait est que nous avons reçu une consigne, et notre esprit décide que, pour donner la bonne réponse, qui nécessite de relever le nombre exact de passes entre les joueurs aux dossards blancs, la meilleure manière est de mettre à l'écart tout ce qui n'est pas blanc, et, en particulier, tout ce qui est noir. Du coup, le gorille se présente à l'arrière-plan de la rétine, mais le cerveau est si malin qu'il décide de ne pas le voir puisque ce n'est pas ce qui le préoccupe.

Cela se produit dans de nombreuses situations de nos vies, notamment au travail. Il est facile de ne pas entendre ce que d'autres sont en train de dire, en particulier si l'on n'a pas envie de l'entendre. C'est un phénomène très répandu parmi les leaders, ce qui crée un environnement de travail très toxique. Les collaborateurs sont conditionnés à ne présenter au leader que ce qui lui fait plaisir ou entre dans son schéma de pensée.

Otto Scharmer, un ami professeur au MIT[11], estime qu'un bon leadership nécessite dans toute situation des qualités spécifiques d'attention et d'intention. Selon moi, c'est là où le leadership rencontre la pleine conscience, dans ses dimensions de compassion et de présence incarnée. Toute organisation étant composée de personnes, l'intention d'un leader en pleine conscience devrait être de soutenir le plein potentiel de toute personne, de lui donner une confiance profonde en la manière dont il prend ses décisions et d'imaginer des possibilités que personne n'avait imaginées jusque-là.

« Pivoter » dans la conscience, un travail individuel et institutionnel

Otto Scharmer me disait récemment : « Nous vivons une époque d'échec institutionnel où se créent collectivement des résultats dont personne ne veut (violence, pauvreté, changement climatique, épidémies). Cette époque demande à ce que se développent une nouvelle conscience, une nouvelle forme de leadership collective, une capacité qui nous permette d'aborder les différents défis de façon beaucoup plus consciente, intentionnelle et stratégique. »

Pour moi, l'entraînement à la pleine conscience peut nous y aider en ce qu'il permet d'effectuer

Il est facile de ne pas entendre ce que d'autres sont en train de dire, en particulier si l'on n'a pas envie de l'entendre. C'est un phénomène très répandu parmi les leaders, ce qui crée un environnement de travail très toxique.

une rotation orthogonale de notre conscience. Cela semble obscur, mais c'est quelque chose que nous sommes tous capables de faire, il s'agit de corriger un biais qui nous empêche de voir ce qui est juste en face de nous et nous permet de percevoir des choses qui nous échappent habituellement. C'est d'une certaine manière se guérir d'une sorte d'aveuglement collectif, ce qui est tout à fait en lien avec les transformations à mener dans le monde. Comme si on passait d'un monde plat en deux dimensions à une troisième dimension spatiale, perpendiculaire aux deux autres. Cette rotation de conscience nous permet de voir beaucoup plus que ce que nous nous autorisons à voir normalement, et de laisser notre créativité et notre

C'est d'une certaine manière se guérir d'une sorte d'aveuglement collectif, ce qui est tout à fait en lien avec les transformations à mener dans le monde.

imagination se manifester. Quand nous pivotons dans notre conscience de sorte que le monde semble soudain plus grand et plus réel, nous entrevoyons ce que les bouddhistes appellent la réalité absolue ou ultime, une dimension située au-delà de tout conditionnement capable de reconnaître le conditionnement lorsqu'il survient. C'est alors que de nouvelles possibilités sont à même d'émerger, des opportunités qui sont à même de guérir et de transformer le monde à tous les niveaux, depuis le stade individuel jusqu'au monde des affaires, des organisations, des nations, et ce afin de mieux servir l'humanité.

Cette nouvelle présence est tellement vaste qu'elle peut tout contenir, y compris l'ensemble de nos pensées, quelles qu'elles soient. En voyant les choses de cette manière, on inclut aussi dans le changement l'ensemble de nos pensées et de nos émotions. Et c'est important, parce que nous sommes parfois tellement prisonniers et conditionnés par nos émotions qu'on oublie qu'elles influencent considérablement la façon dont nous vivons et dont nous déployons notre être. Or, si nous rêvons de pouvoir changer ce qui se passe à l'extérieur de nous, il est absolument important de reconnaître tout ce qui se passe à l'intérieur pour ne pas renvoyer nos émotions, nos frustrations vers l'extérieur.

Se changer soi, changer le monde

Le fait que tant de gens, qui ne sont pas des excentriques, consacrent quotidiennement du temps à la méditation est quelque chose de merveilleux, qui eût été inimaginable il y a trente ou quarante ans. Il aurait été inconcevable qu'un psychiatre de l'hôpital Sainte-Anne comme Christophe André traite de la pleine conscience comme il le fait dans ses deux derniers livres. Et que la pleine conscience soit quelque chose de tellement innovant dans les domaines de la psychologie, de la psychiatrie, la médecine, les neurosciences. À ce titre, il est extrêmement important que nous parvenions à maintenir notre intégrité dans ce déploiement.

Depuis plus de trente ans, la pleine conscience fait l'objet de recherches pointues. On sait maintenant que cette orientation de l'esprit a un énorme potentiel de changement et de guérison. Une guérison comprise au sens large, qui englobe notre santé physique, mais aussi nos émotions et notre manière de nous inscrire dans la totalité de ce qui nous concerne sur la planète.

Ils m'inspirent

Ma femme, Myla, et mes enfants.

Mes étudiants et mes collègues.

En fait, tous ceux que je rencontre
dans les cercles où je gravite m'inspirent.

MES CONSEILS PRATIQUES

1. Suivez ce qui vous inspire

Si la méditation est votre source d'inspiration, pratiquez la culture de la pleine conscience de toutes les façons possibles et imaginables, comme si votre vie en dépendait – parce que c'est le cas.

2. Soyez créatif

Le monde a profondément besoin que chacun d'entre nous consacre tout son être à mettre en avant son imagination, sa créativité et son amour. En fait, c'est un besoin urgent, vital.

3. Incarnez votre vérité et votre amour instant après instant

La question n'est pas tant: «Je me change et ensuite le monde change», que d'être déjà ce que vous êtes, dans votre plénitude, dans toutes les dimensions de ce qu'être humain veut dire. Il s'agit d'incarner votre vérité et votre amour instant après instant, jour après jour, aussi pleinement que vous le pouvez, dans les moments agréables mais aussi dans les moments difficiles.

Lorsque vous vivez ainsi, le monde est déjà différent, dans des proportions qui semblent infimes, à peine significatives. En fait, ce qui paraît petit n'est pas petit. Ces transformations sont gigantesques et leur pouvoir de guérison est immense, à l'intérieur comme à l'extérieur.

4

DEMAIN, UN MONDE D'ALTRUISTES

MATTHIEU RICARD

MOINE BOUDDHISTE, PHOTOGRAPHE ET INTERPRÈTE DU DALAÏ-LAMA, IL SOUTIENT DE NOMBREUX PROJETS HUMANITAIRES.

Changer le monde, cela revient, de mon point de vue, à se transformer soi-même pour mieux servir les autres, tout en évitant de changer le monde de manière destructrice, en dévastant notre environnement, en exploitant les animaux et en causant la disparition de nombreuses autres espèces. Cela implique d'avoir une attitude responsable à tous les niveaux. Se changer soi-même pour mieux changer le monde, c'est se libérer des toxines mentales que sont la haine, l'avidité, la jalousie, l'orgueil et l'esprit de vengeance qui empoisonnent notre existence et celle des autres. Nous allons voir ensemble que pour pouvoir changer le monde, il faut d'abord avoir trouvé un sens à son existence, puis essayer de le partager.

Du point de vue collectif, ce changement passe par une évolution de nos cultures, de nos attitudes, motivations, valeurs et priorités. Cela implique notamment de passer d'une culture qui prône l'individualisme et le chacun pour soi à un monde qui prend plus en considération l'altruisme et la coopération, laquelle a toujours été au cœur de l'évolution.

Se relier aux autres, cela s'apprend

L'altruisme véritable existe-t-il ? Si oui, pouvons-nous le cultiver, l'amplifier comme un talent ou une capacité ? Dans son chapitre, Jon a souligné les nombreux travaux de recherche sur les effets de la méditation qui ont lieu actuellement. Au début, ces recherches ont commencé avec des méditants confirmés, qui se sont exercés entre dix mille et

Se changer soi-même pour mieux changer le monde, c'est se libérer des toxines mentales que sont la haine, l'avidité, la jalousie, l'orgueil et l'esprit de vengeance qui empoisonnent notre existence et celle des autres.

cinquante mille heures, autant d'hommes que de femmes et autant de pratiquants laïques que de moines et de nonnes. Les résultats de ces études ont montré que la capacité à développer la compassion et l'altruisme ne dépend pas de la culture orientale ou occidentale, ni du genre masculin ou féminin : il s'agit essentiellement d'une question d'entraînement.

Ce qu'il est important de retenir, pour la société, c'est qu'il n'est pas nécessaire d'avoir médité cinquante mille heures : quelques semaines de méditation, trente minutes par jour, ont déjà des effets bienfaisants.

Dans une de ces études, un instructeur a entraîné pendant deux semaines, à raison de 20 minutes par

> Pour pouvoir changer le monde, il faut d'abord avoir trouvé un sens à son existence, puis essayer de le partager.

jour, un groupe de personnes à penser davantage aux autres, à essayer de se mettre à la place de l'autre, à méditer pour engendrer dans leur esprit l'amour altruiste, la bienveillance, la compassion à l'égard de ceux qui souffrent. Le groupe témoin (il faut toujours faire une comparaison, sinon les études ne sont pas valables) était formé à utiliser une méthode psychologique connue pour engendrer des comportements prosociaux[1].

Cette méthode consiste à considérer les situations sous un angle différent, plus vaste : si quelqu'un vous a insulté, au lieu de se concentrer uniquement sur l'insulte, sur l'incident et les aspects désagréables de la personne, on élargit et on prend en considération ce que vit la personne, ses comportements habituels. Les résultats ont montré que la méditation favorisait encore davantage les comportements prosociaux. Cette étude réalisée par Helen Weng dans le laboratoire de Richard

Davidson (le pionnier dans les études en neurosciences de la méditation), a montré des changements au niveau cérébral, notamment en ce qui concerne l'amygdale (une structure cérébrale liée aux émotions, plus particulièrement à la peur et à l'agressivité).

Des études préliminaires, menées également par l'équipe de Richard Davidson, ont pu mettre en évidence qu'un entraînement très simple à la pleine conscience et à la sollicitude sur des enfants d'école maternelle, avec des outils adaptés, pouvait avoir des résultats impressionnants.

Allongés sur le dos, ces enfants de 4 à 5 ans, issus en majorité de milieux défavorisés, apprennent par exemple à se concentrer sur le va-et-vient de leur souffle et sur les mouvements d'un petit ours en peluche posé sur leur poitrine. Puis l'enseignant les aide à comprendre que ce qui les rend sereins est aussi ce qui permet aux autres enfants d'être sereins. Au début de chaque séance, les enfants expriment à voix haute la motivation qui doit inspirer leur journée : « Puisse tout ce que je pense, tout ce que je dis et tout ce que je fais ne causer aucun tort aux autres, mais au contraire les aider. »

Ce sont là quelques éléments d'un programme de dix semaines conçu par le Centre de recherche de la bonne santé mentale (Center for Investigating Healthy Minds), fondé par le psychologue et neuroscientifique Richard Davidson. Bien que sa collaboratrice Laura Pinger et leurs autres collègues n'enseignent ce programme que trois fois par semaine, à raison de 30 minutes par séance, il a un effet notable sur les enfants. Ceux-ci demandent d'ailleurs aux instructeurs pourquoi ils ne viennent pas tous les jours[2].

Au fil des semaines, les enfants sont amenés très naturellement à pratiquer des actes de bonté, à se rendre compte que ce qui les met mal à l'aise met aussi mal à l'aise les autres, à mieux identifier leurs émotions et celles de leurs camarades, à pratiquer la gratitude et à former des souhaits bienveillants pour eux-mêmes et pour autrui. Lorsqu'ils sont perturbés, on leur montre qu'ils peuvent certes résoudre leurs problèmes en agissant sur les circonstances extérieures, mais aussi en agissant sur leurs propres émotions.

Les enfants sont ensuite conduits à prendre conscience qu'ils sont reliés à tous les enfants de la planète, à toutes les écoles et à tous les peuples, lesquels aspirent à la paix et dépendent tous les uns des autres. Cela les conduit à éprouver de la gratitude à l'égard de la nature, des animaux, des arbres, des lacs,

On peut arracher les racines de la discrimination en apprenant l'altruisme aux enfants des écoles.

des océans, de l'air que nous respirons, et à réaliser qu'il est important de prendre soin de notre monde.

Les chercheurs ont évalué les effets du programme en questionnant de manière approfondie les enseignants et les parents sur le comportement et les attitudes des enfants avant et après l'avoir suivi. Cette évaluation a révélé une nette amélioration des comportements prosociaux et une diminution des troubles émotionnels et des conflits chez les participants à l'expérience.

Les scientifiques ont ajouté un dernier test, celui dit « des autocollants ». À deux reprises, au début et à la fin du programme, ils ont donné à chacun des enfants un certain nombre de figurines autocollantes dont les enfants raffolent, ainsi que quatre enveloppes sur lesquelles figuraient, respectivement, une photo de leur meilleur(e) ami(e), de celui ou celle qu'ils appréciaient le moins, d'un enfant inconnu et d'un enfant visiblement malade portant un pansement sur le front. Ils ont ensuite demandé à chaque enfant de répartir comme il le voulait les autocollants dans les quatre enveloppes qui seraient distribuées à leurs camarades. Au début de l'intervention, les enfants ont donné la quasi-totalité des autocollants à leur meilleur(e) ami(e) et très peu aux autres.

Lors du second test, en fin de programme, la différence a été spectaculaire : les enfants ont donné un nombre égal d'autocollants aux quatre catégories d'enfants. Ils ne faisaient même plus de différence entre leur camarade préféré et celui qu'ils aimaient le moins. On mesure la portée de ce résultat quand on sait à quel point les divisions liées au sentiment d'appartenance à un groupe sont habituellement marquées et durables.

Au vu des résultats remarquables de cette méthode, de sa simplicité et de l'effet qu'elle peut avoir sur le développement ultérieur des enfants – ce qui fait à présent l'objet d'une autre étude –, il semble regrettable de ne pas la mettre en œuvre partout dans le monde. De fait, la ville de Madison a maintenant demandé à l'équipe dirigée par Richard Davidson d'étendre ce programme à plusieurs écoles de la ville. Lorsque ces résultats ont été portés à la connaissance du dalaï-lama, il a eu ce commentaire :

« Une école, dix écoles, cent écoles, puis, par l'intermédiaire des Nations unies, les écoles du monde entier… »

Aider les autres pour se sentir bien

Dans une autre étude, on a demandé à des personnes de poser, pendant une semaine, cinq gestes de gentillesse et de bienveillance. Ils pouvaient soit effectuer ces cinq actes de gentillesse sur différents jours de la semaine, soit les concentrer dans la même journée. L'exercice s'est poursuivi pendant un mois, puis on a évalué le niveau de bien-être des participants. On s'est aperçu que faire les cinq gestes dans la même journée engendrait de beaucoup plus grandes satisfactions à long terme. Il semble donc que si l'on n'accomplit qu'un seul acte par jour, finalement, il va être dilué dans le reste de nos activités, tandis que faire cinq gestes de bienveillance dans la même journée change notre attitude d'une manière plus durable. Cela fait donc non seulement du bien aux autres, ce qui est le but principal, mais nous confère également un plus grand sentiment de plénitude.

Par ailleurs, dans une autre expérience, Barbara Fredrickson, l'une des pionnières des études scientifiques sur la psychologie positive, demandait aux

« L'amour ne dure pas. Il est beaucoup plus éphémère que la plupart d'entre nous veulent bien le reconnaître. En revanche, il est indéfiniment renouvelable. »

participants de cultiver la bienveillance, l'amour altruiste et la compassion pendant huit semaines à raison de 20 minutes de méditation par jour. Les résultats furent très clairs : ce groupe, qui n'était constitué pourtant que de novices en matière de méditation, avait appris à calmer son esprit et, plus encore, à développer remarquablement sa capacité d'amour et de bienveillance. Comparés aux personnes du groupe témoin (à qui l'on offrit de participer au même entraînement une fois l'expérience terminée), les sujets qui avaient pratiqué la méditation éprouvaient davantage d'amour, d'engagement dans leurs activités quotidiennes, de sérénité, de joie, et d'autres émotions bienfaisantes[3]. Au cours de l'entraînement, Fredrickson remarqua également que les effets positifs de la méditation sur l'amour altruiste persistaient durant la journée, en dehors de la séance de méditation, et que, jour après jour, l'on observait un effet cumulatif. Les mesures de la condition physique des participants montrèrent aussi que leur état de santé s'était nettement amélioré. Même leur tonus vagal avait augmenté[4].

Dans son dernier livre, intitulé *Amour 2.0*, Barbara Fredrickson explore les effets de l'amour altruiste sur notre santé et notre bien-être[5]. L'amour altruiste, c'est évidemment bien plus que l'amour romantique, comme vous pouvez l'imaginer, cela inclut toutes les relations de bienveillance et de proximité entre les êtres. Barbara Fredrickson définit l'amour comme une résonance positive qui se manifeste lorsque trois événements surviennent simultanément : le partage d'une ou plusieurs émotions positives, une synchronie entre le comportement et les réactions physiologiques de deux personnes, et l'intention de contribuer au bien-être de l'autre, intention qui engendre une sollicitude mutuelle[6]. Selon Fredrickson, l'amour est à la fois plus vaste et plus ouvert, et sa durée plus courte qu'on ne l'imagine généralement : « L'amour ne dure pas. Il est beaucoup plus éphémère que la plupart d'entre nous veulent bien le reconnaître. En revanche, il est indéfiniment renouvelable. »

Le documentaire *Happy*, de Roko Belic, montre les habitants d'une île au nord du Japon, Okinawa,

Nawalparashi, au Népal, l'une des huit écoles en bambou construites avec l'aide de Karuna-Shechen. Les parents accompagnent leurs enfants le jour de l'ouverture de l'école. Il y a comme un air de fête.

où il y a un taux exceptionnel de centenaires. Dans cette île, le lien social est très fort et les gens restent très proches les uns des autres, depuis la naissance jusqu'à la mort. Alors que chez nous, 40 % des personnes âgées vivent seules, là-bas, elles passent la plupart de leurs journées ensemble. À voir le documentaire, on dirait vraiment de joyeux drilles : ils rient, dansent et partagent de multiples activités. À l'heure de la sortie de l'école, toutes les personnes âgées vont ensemble attendre les enfants du village, qui ne sont pas forcément de leur famille. Elles se placent au bout de la rue avec quelques douceurs à donner aux enfants, qui tous courent vers elles et se précipitent dans leurs bras.

Ce support social a été considéré comme la pilule magique de leur longévité. De nombreuses études prouvent qu'un soutien social élevé est associé à une meilleure santé mentale, moins de maladies cardiaques, une longévité accrue, moins d'usage de substances addictives, un renforcement du système immunitaire et une réduction des cas de démence sénile.

Simplicité intérieure et bonheur

Chercher le bonheur dans la consommation de biens matériels, tout en mettant en danger les

Ceux qui étaient les plus portés sur la consommation recherchaient davantage de plaisirs hédoniques et trouvaient moins le bien-être véritable.

conditions environnementales qui permettent à l'humanité de prospérer vient d'un malentendu : les gens pensent qu'en se concentrant sur les valeurs extrinsèques (possessions, image, consommation) ils auront les meilleures chances d'être heureux. L'expérience vécue et les recherches en psychologie montrent au contraire que ce sont les valeurs intrinsèques, comme l'amitié, les liens sociaux, le contentement, la « sobriété heureuse » dont parle Pierre Rabhi, qui apportent le plus de satisfaction.

Le psychologue Tim Kasser est à la base de nombreuses expériences très intéressantes sur le coût élevé du matérialisme. Avec son équipe, il a étudié des milliers de personnes et évalué, grâce à des questionnaires bien conçus, leur attrait pour la consommation ainsi que leur type de valeurs (plutôt intrinsèques, comme l'amitié, la qualité du moment, ou extrinsèques, comme l'image, l'argent). Il a comparé le premier et dernier quartile (les 25 % les plus portés à la consommation et les 25 % les moins portés à la consommation) et, en croisant les résultats à d'autres facteurs associés, il a pu démontrer par exemple que ceux qui étaient les plus portés sur la consommation recherchaient davantage de plaisirs hédoniques et trouvaient moins le bien-être véritable.

Par « plaisir hédonique », on entend la recherche incessante de sensations plaisantes, qui est plus une recette pour l'épuisement que pour le bien-être. Tim Kasser a aussi mis en évidence que ces personnes avaient beaucoup moins d'amis et qu'elles n'étaient pas intéressées par les problèmes globaux comme l'environnement, mais uniquement par ce qui les concernait. En général, ce sont des gens en moins bonne santé, plus sensibles à l'abus de substances

Le mantra secret

Cela me fait penser au mantra qu'un maître tibétain a recommandé. C'est le mantra le plus secret qu'on puisse imaginer, je me demande même si j'ai la permission de le partager avec vous. Le voici : « Je n'ai besoin de rien. » Répétez-le dix fois de suite. Vous verrez, on se sent si bien !

C'est dans la simplicité que l'on trouve la sérénité intérieure.

(tabac, alcool, drogues). Ils semblent également beaucoup plus anxieux vis-à-vis de la mort. Ils ont moins d'empathie et sont moins concernés par le sort d'autrui. En un mot, ces gens sont significativement moins heureux[7]. Tim Kasser ne cherche pas à donner des leçons de morale, c'est un chercheur en psychologie. Mais ce qu'il met en évidence, c'est que cette idée de consommation galopante n'apporte ni le bonheur ni la santé et ne nous rend pas altruistes.

La crise actuelle me semble être un moment précieux pour remettre en question notre train de vie. Jusqu'alors on ne s'interrogeait pas du tout sur ce superflu qui nous entourait, encouragés en cela par la publicité et la comparaison sociale (mon voisin a-t-il une plus belle voiture que moi ?). Mais si l'on s'interroge sincèrement, n'y a-t-il pas des choses qui, au fond, ne contribuent pas à notre bien-être et dont nous pourrions fort bien nous passer ? La simplicité volontaire, ou sobriété heureuse, ce n'est pas se priver de ce qui est nécessaire pour vivre et de ce qui nous apporte un bonheur véritable

L'ermite et l'altruisme

De la terrasse de mon ermitage, j'embrasse le cercle presque parfait de l'horizon. Dominant l'échelonnement des contreforts, la majestueuse chaîne himalayenne se déploie sur plus de deux cents kilomètres. La tranquillité est parfaite. On comprend qu'une telle situation favorise l'épanouissement de la méditation et de l'observation des pensées qui surgissent de nulle part et se dissolvent comme le son d'une cloche qui s'estompe. La pleine conscience du moment présent règne sur le flot du temps.

L'ermitage est ainsi un havre de paix où le disciple peut s'initier en toute quiétude à la pratique spirituelle.

L'ermite ne se désintéresse nullement du sort de l'humanité, mais se rend compte que, dans la situation qui est la sienne, il est non seulement incapable d'accomplir le bien d'autrui, mais il est aussi impuissant à construire son propre bonheur. Sa motivation essentielle est donc de se transformer lui-même pour mieux transformer le monde.

L'ermite commence donc par comprendre que le bonheur authentique ne dépend pas fondamentalement des conditions extérieures, mais de la transformation de son esprit et de sa manière de traduire les circonstances de l'existence en bonheur ou en mal-être. Il comprend que tant que l'on ne s'est pas débarrassé de la haine, de l'obsession, de l'orgueil, de la jalousie et des autres toxines mentales, il est aussi vain d'aspirer au bonheur que de souhaiter la fin de ses brûlures sans retirer sa main du feu. Contrairement aux apparences, la motivation de l'ermite bouddhiste est fondée sur l'amour altruiste et la compassion. Son but est clair : se rapprocher de l'Éveil afin d'être capable de remédier aux souffrances du monde. L'ermite se retire un temps du monde jusqu'à ce qu'il soit guéri des causes fondamentales de la souffrance.

– ce serait absurde –, mais se débarrasser du superflu, et ainsi renoncer aux causes de la souffrance.

L'oiseau ne « renonce » pas à sa cage, il s'en libère. Si on se promène en montagne avec un sac dans lequel on s'aperçoit en route qu'il y a 50 % de provisions et 50 % de cailloux, c'est un soulagement de se débarrasser des cailloux. La vraie simplicité, c'est de ne pas laisser son esprit être fasciné par ce miroir aux alouettes qui nous fait penser : « En ayant plus, je serai plus heureux. » Alors que, bien souvent, c'est dans la simplicité que l'on trouve la sérénité intérieure.

Changer notre société

Une société est composée d'individus et se construit autour d'une culture. Certaines personnes pensent que les institutions déterminent tout. Mais lorsque les individus changent, ils changent leur culture et leurs institutions. À leur tour, les cultures modifient les individus. Individus et cultures se façonnent mutuellement au fil du temps.

À cet égard, la culture humaine est transmissible et cumulative d'une génération à l'autre. Donc, quand les institutions changent, elles transforment les mentalités. Mais ce que la science contemporaine

Quand on change les mentalités, la façon dont nous sommes élevés, la façon dont nous pensons au jour le jour, et bien nous changeons notre cerveau par la neuroplasticité et nous pouvons même modifier l'expression de nos gènes.

montre, c'est que quand on change les mentalités, la façon dont nous sommes élevés, la façon dont nous pensons au jour le jour, et bien nous changeons notre cerveau par la neuroplasticité et nous pouvons même modifier l'expression de nos gènes. Tout au long de notre existence, la façon dont nous regardons les autres vivre, dont nous agissons, dont nous méditons, tout cela modifie l'expression de nos gènes (ce que l'on appelle des modifications épigénétiques). Cette possibilité de se transformer soi-même est connue des contemplatifs depuis des millénaires.

Dès lors, si la mentalité de suffisamment de personnes change, celles-ci vont influencer et changer les cultures et les institutions. Prenons l'attitude vis-à-vis de la guerre, qui a énormément changé depuis la Première Guerre mondiale. À l'époque, c'était une chose noble et patriotique que de partir à la guerre. Au fil du temps, le monde s'est rendu compte que c'était une horreur, une aberration qui n'apporte que la dévastation, où il n'y a que des perdants, ce n'est certainement plus quelque chose que l'on loue comme un ferment de civilisation.

Mais comment faire pour qu'il y ait une masse critique suffisante d'individus et que les cultures changent, par exemple au niveau de la consommation de viande ? Comme disait George Bernard Shaw : « Les animaux sont mes amis, et je ne mange pas mes amis. » Gandhi affirmait que l'on pouvait juger du degré de civilisation d'une nation à la manière dont elle traitait ses animaux. Il me paraît évident que si l'on n'a pas de considération pour la souffrance des animaux, il y a toutes les chances pour qu'on finisse par ne plus en avoir pour personne. Cela veut dire que l'on tue en nous une partie de notre empathie, cette capacité à nous mettre à la place de l'autre.

Même les Nations unies, qui ne peuvent être considérées comme un lobby militant pour la protection des animaux, ont émis l'avis (par l'intermédiaire du Groupe d'experts intergouvernemental sur l'évolution du climat, ou GIEC) qu'un des meilleurs moyens pour minimiser le réchauffement climatique serait de réduire considérablement la consommation de viande. Cent cinquante milliards d'animaux terrestres sont tués chaque année dans le monde pour notre consommation, animaux pour qui l'on décide quand, où et comment ils vont mourir. Si l'on souhaite l'avènement d'une société plus altruiste, on ne peut pas ignorer cette question.

Les leaders d'opinion et les grandes forces morales de l'humanité, à l'instar de Gandhi, de Nelson Mandela, du dalaï-lama, sont des facteurs importants de changement dans la société. Les cultures changent plus rapidement que nos gènes.

Sur le long terme, des groupes d'altruistes qui sont reliés par des intérêts communs et qui coopèrent ont un avantage certain sur des groupes d'égoïstes, constamment en compétition les uns contre les autres. Il y a donc de l'espoir pour qu'au fil du temps cette tendance à la coopération et à l'altruisme prenne le dessus. C'est un peu le cas dans le monde actuel, où les gens sont beaucoup plus reliés, le monde est beaucoup plus interdépendant.

Ils m'inspirent

Kyapjé Kangyour Rinpoché (1898-1975)

Né dans la province du Kham en 1897, au Tibet oriental, Kangyour Rinpoché manifesta, dès sa plus tendre enfance, d'étonnantes qualités spirituelles. Très jeune, il entra au monastère de Riwoche où il étudia auprès du grand maître Jédroung Rinpotché.

Il fit ensuite une retraite de méditation solitaire de neuf années aux confins du Kham. En 1955, il pressentit l'invasion du Tibet par les Chinois et décida de partir pour l'Inde avec sa femme et leurs jeunes enfants, emportant à dos de mule, pour unique richesse, des centaines de livres.

En 1960, il s'installa près de Darjeeling en Inde où il vécut jusqu'à sa mort sans jamais cesser d'enseigner.

Ce sage visionnaire, complètement dégagé des préoccupations mondaines, avait une profonde réalisation spirituelle et une immense érudition.

Il eut de nombreux disciples occidentaux et fut ainsi l'un des premiers grands maîtres tibétains à établir les fondements du bouddhisme tibétain en Occident.

C'est mon « maître-racine » et il inspire chaque instant de mon existence.

Jane Goodall (née en 1934)

Jane Goodall est une primatologue et éthologue britannique. Passionnée par les animaux, végétarienne depuis son enfance, elle s'est installée très jeune près du lac Tanganyika pour y étudier les chimpanzés.
Elle a bouleversé notre regard sur les animaux en montrant que ces grands singes étaient capables de fabriquer et d'utiliser des outils, caractéristique que l'on pensait propre à l'homme.
Ainsi, nous savons aujourd'hui qu'il existe une continuité entre les différentes espèces animales et les êtres humains.
Je l'ai rencontrée pour la première fois en 2011 et nous avons dialogué sur ce sujet : ce continuum devrait nous pousser à réévaluer la manière dont nous traitons les animaux, à combattre l'industrie de la viande et l'expérimentation animale.
C'est à la fois une grande scientifique et une femme engagée qui, au travers de sa fondation *Roots and Shoots*, lutte infatigablement pour la protection de la planète, l'amélioration de la condition humaine et le respect des animaux.

MES TROIS CONSEILS PRATIQUES POUR PARTICIPER À UN MONDE PLUS HUMAIN

1. Pratiquer l'altruisme

☞ Changer notre vision de ceux qui nous entourent.

Nous pouvons nous entraîner à comprendre et à voir que la vie est beaucoup plus tissée de coopération que de compétition, d'entraide que d'hostilité, de sollicitude que de malveillance.

☞ Vérifier nos motivations.

Il est également utile de vérifier constamment notre motivation. « Notre motivation est-elle altruiste ou égoïste ? Recherchons-nous le bien de quelques-uns ou du plus grand nombre ? À court ou à long terme. » Nous devons nous interroger à maintes reprises de cette façon.

☞ Nous engager.

Cultiver l'altruisme, ce n'est pas simplement dire que l'altruisme c'est bien. La compassion sans action est stérile. Il faut avoir constamment cet engagement à l'esprit et le traduire en actes dès que possible, dans toutes les circonstances de la vie courante, mais aussi, par exemple, en s'impliquant dans des activités bénéfiques aux autres (bénévolat, ONG, etc.).

2. Manger moins de viande

Manger moins de viande est un exemple typique de quelque chose qui est bon tant sur le plan éthique, sanitaire et écologique. En bref, cela a un impact positif sur les animaux en premier lieu, mais aussi sur les être humains et sur l'environnement.

Ce n'est pas seulement le plaidoyer du végétarien que je suis depuis plus de quarante ans, mais je vous y incite parce que c'est plus facile que d'arrêter de se déplacer en voiture ou de prendre l'avion. Arrêter de consommer de la viande, cela prend trois secondes. Ce n'est pas très compliqué !

3. La simplicité

Simplifier ses actions, c'est-à-dire ne pas consacrer trop de temps au superflu, aux distractions.

Simplifier aussi ses paroles : notre bouche dispense un flot ininterrompu de paroles souvent inutiles. Pensez au temps perdu en colportant des rumeurs et en bavardages inutiles.

Simplifier ses pensées. La simplicité, cela n'a rien à voir avec « être simple d'esprit », c'est demeurer dans la simplicité de la fraîcheur du moment présent, libre d'espoirs et de craintes.

5

ENSEMBLE, FAIRE GERMER LE CHANGEMENT

PIERRE RABHI

PAYSAN ET PHILOSOPHE D'ORIGINE ALGÉRIENNE, IL EST CONSIDÉRÉ COMME LE PÈRE DE L'AGROÉCOLOGIE. IL A FONDÉ LE MOUVEMENT COLIBRIS.

Comme nous l'avons vu dans les chapitres précédents, nous vivons une situation d'urgence. Christophe André a illustré à quel point notre société était aliénée et aliénante. Le XXe siècle a été dominé par l'alliance de la science et de la technique au service du progrès. Certes, des prouesses considérables ont été réalisées dans divers domaines, mais qu'en est-il du destin des humains et de celui de la planète qui les héberge ? Comment peut-on consacrer son génie à inventer des outils, des armes qui tuent de mieux en mieux et entretiennent les divisions et les antagonismes qui maintiennent cette planète dans l'horreur absolue ?

Dans cette épopée matérialiste, la violence de l'homme contre l'humain a atteint des seuils désastreux et la nature a subi des détériorations sans précédent. L'impact de l'humain sur notre biosphère est loin d'être positif. Des gens se sont amusés à représenter la présence de l'homme à l'échelle de l'existence de la Terre. Sur 24 heures, nous ne sommes là que depuis 2 ou 3 minutes ; et pourtant, nous avons réussi comme personne à dérégler, désaxer, détraquer l'ordre du monde et à mettre la planète sens dessus dessous.

Heureusement, les consciences se lèvent, de plus en plus nombreuses. Jon Kabat-Zinn nous a montré comment le changement intérieur, notamment par le fait de cultiver la pleine conscience, pouvait être un outil d'ouverture du cœur et de libération de l'esprit. Matthieu Ricard nous a parlé de l'importance de l'altruisme pour construire un monde différent. Cela me semble en effet totalement indispensable. Vous connaissez tous l'expression : « L'homme est un loup pour l'homme. » Eh bien moi, si j'étais loup, je n'aimerais pas être comparé à un homme ! Jamais aucune espèce n'a organisé le vivre ensemble sur la destruction comme nous l'avons fait. Et pourtant, un autre mode de fonctionnement est possible.

Mon propos rejoint et complète celui des autres auteurs. À travers l'agroécologie, que je me suis employé à développer depuis plusieurs décennies, ma préoccupation est que les humains travaillent sur leur propre changement. Je lutte contre l'illusion que c'est uniquement par les alternatives que l'on changera le monde. Je dis souvent aux gens : vous pouvez manger bio, vous chauffer à l'énergie solaire et exploiter votre voisin, ce n'est pas incompatible. Ma démarche est animée par l'amour de la vie et la volonté de protéger la beauté sacrée de la nature. Cette expression fondamentale de la vie, cette beauté qui nous est offerte, me touche de manière extraordinaire.

Quel futur pour l'humanité ?

La capacité de nuisance de l'être humain a toujours été importante mais, autrefois, il y avait une limitation à cette énergie : les hommes avaient affaire à la résistance de la nature elle-même. Aujourd'hui, cette question se pose de façon extrêmement cruciale : nous avons gardé les mêmes pulsions d'avidité, cette envie du toujours plus, mais nous disposons d'instruments terrifiants que la technologie nous a donnés pour les assouvir. Quand on voit comment on finit par détruire les forêts, par écumer les mers (les poissons n'ont aucune chance de fuir), on n'est plus dans le hasard. Bien sûr, la technologie a apporté un certain nombre de progrès importants mais, au lieu d'assagir l'homme, elle l'a installé dans une posture démiurgique.

La grande question que je me pose est la suivante : quelle est la suite du programme d'existence de l'humanité ? Nous sommes dans une phase infernale, celle de la combustion énergétique à outrance. On peut même dire que c'est la première fois que l'humanité est dépendante et piégée par des innovations censées la libérer : sans pétrole, sans électricité, sans moyens de communication, tout l'échafaudage s'effondre... Aujourd'hui, plus que jamais, il ne faut surtout pas se tromper de réponse.

Il y a quelque temps, je voyais à la télévision un homme qui s'était enrichi (ce que l'on présente comme une réussite), et on lui demandait s'il ne se sentait pas prédateur. Pour répondre, il a eu recours à Darwin, et aux fameuses lois de la prédation, pour

Bien avant notre propre avènement, la nature a créé les moyens de sa régulation et les moyens de sa perpétuation.

prouver qu'il appliquait les règles de la vie. J'ai eu envie de casser ma télé ! Si j'avais été face à lui, je lui aurais dit : « Non, monsieur, car quand un lion mange une antilope, il digère son antilope. Il n'a pas de dépôt d'antilopes, ni de banques d'antilopes pour vendre aux copains. Le lion ne prélève que ce qui est indispensable à sa survie ; il n'est pas affecté par cette terrible convoitise si préjudiciable au vivre ensemble humain. Le lion pratique la sobriété heureuse. »

Sur la planète règne la loi de la vie qui se donne à la vie : rien ne se perd, rien ne se crée, tout se transforme, dit-on. Bien avant notre propre avènement, la nature a créé les moyens de sa régulation et les moyens de sa perpétuation, même si l'on sait qu'elle aura une fin quelque part. Le danger, c'est que nous, humains, sommes aujourd'hui en train de rompre complètement avec cette règle. D'où l'accélération du processus de notre propre éradication. Parce qu'à l'évidence, quand on voit notre

« Si nous perdons le contact avec la nature dont nous faisons partie, alors nous perdons la relation avec l'humanité, avec les autres. » KRISHNAMURTI

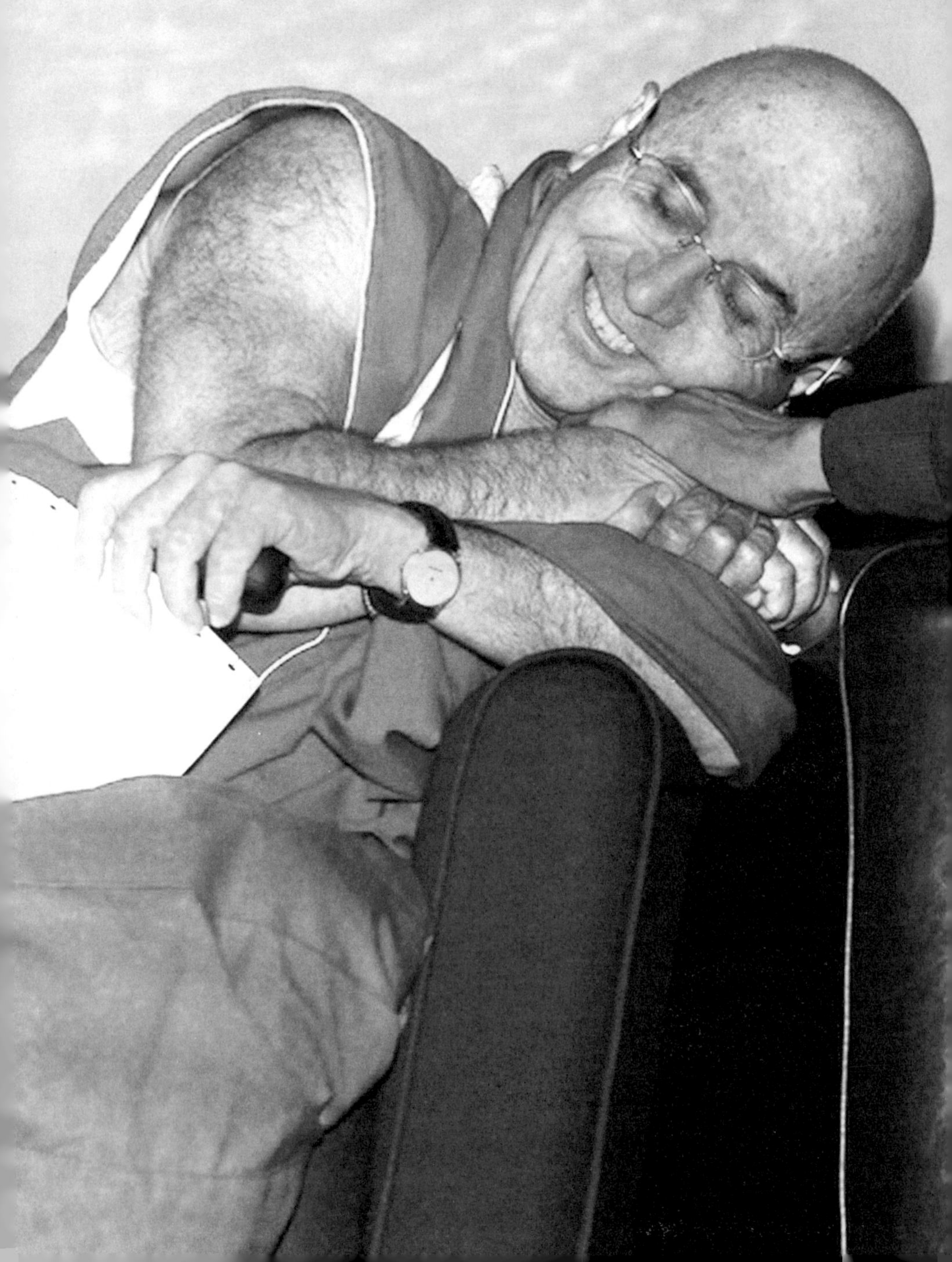

gestion de cette biosphère magnifique, il est certain qu'entre l'empoisonnement des eaux, des terres, les déboisements, et tout ce que nous faisons de grave, nous assistons à une espèce d'endormissement face à ces problèmes déterminants pour la suite de notre histoire. Nous sommes en vérité en train de rompre le processus de notre propre histoire. Nous nous trouvons au bord d'un précipice, et l'intelligence nous suggère de ne pas faire un pas en avant !

Le trajet de l'être humain dans la modernité

Je me suis amusé à dessiner l'itinéraire
d'un être humain dans la modernité : de la maternelle
à l'université, on est enfermé dans un bahut. Ensuite,
on travaille dans des boîtes, des grandes boîtes,
des petites boîtes ! Même pour s'amuser,
on va en boîte ! Et pour y aller, on prend sa caisse !
Puis il y a la boîte à vieux, avant la dernière boîte
que chacun peut deviner !
Est-ce cela qu'on appelle l'existence ?
La sémantique n'est pas innocente, elle a le pouvoir
de manipuler l'être humain pour obtenir
son consentement et fabriquer des normes.

En prenant soin de la terre, on prend soin de l'humain, tout est relié.

Ces constats rendent plus que jamais nécessaire et urgente une alternative globale, un paradigme inspiré par les évidences. L'utopie est quelque chose qui nous déconditionne et parfois nous conduit à transgresser pour survivre. Soit on reste dans le conformisme (on ne peut rien changer), soit on transgresse pour aller vers le changement.

Le contentement comme alternative

Face à cette situation, les bons vœux, les incantations, les analyses et les constats cumulés ne suffiront pas. La première utopie est à incarner en nous-mêmes. Les outils et les réalisations matérielles ne seront jamais facteurs de changement s'ils ne sont pas l'œuvre de consciences libérées du champ limité du pouvoir, de la peur et de la violence. Tant que nous n'aurons pas résolu l'angoisse et la peur, nous ne progresserons pas. La crise de ce temps n'est pas due aux insuffisances matérielles. La logique qui nous meut, nous gère et nous digère, est

Si on schématise la situation,
un cinquième de l'humanité consomme
quatre cinquièmes des ressources.

habile à faire diversion en accusant le manque de moyens. La crise est à débusquer en nous-mêmes dans cette sorte de noyau intime qui détermine notre vision du monde, notre relation aux autres et à la nature, les choix que nous faisons et les valeurs que nous servons.

Ce que je remarque partout, c'est que les gens réfléchissent à partir de la problématique de l'Occident, ils oublient le reste du monde alors qu'il s'agit de raisonner en termes de planète, d'humanité. Notre comportement occidental affecte énormément d'êtres humains sur le reste du globe. Nos excès se font au détriment des autres, on « génocide » en permanence d'autres êtres humains et même les générations à venir. J'entends des gens dire que la faim dans le monde est due à la surpopulation. De tels propos résonnent en moi comme une offense à tous ceux qui ne mangent pas à leur faim. Un milliard d'êtres humains meurent de faim,

3 milliards survivent à peine, on ne peut pas leur reprocher d'épuiser la planète. Si on schématise la situation, un cinquième de l'humanité consomme quatre cinquièmes des ressources. Et pourtant, un autre modèle est possible.

En 1981, je me suis rendu au Burkina Faso à l'invitation du gouvernement. Dans cette région appelée Sahel, parmi les plus pauvres de la planète, les paysans se sont retrouvés confrontés aux diktats du commerce international. On leur a vendu des engrais et on les a poussés aux cultures d'exportation (coton, arachides). Dans ce système globalisé, le petit paysan africain se retrouve en concurrence avec les plus gros producteurs au niveau mondial, ce qui le rend perdant d'entrée de jeu. À cela s'est ajoutée une sécheresse terrible dont tout le monde garde encore en tête les images : la terre craquelée, plus d'herbe pour les animaux et toutes ces personnes qui se retrouvent dans leur village, sans rien à manger. Cette catastrophe a détruit ce que l'on appelle le « couvert végétal », qui servait de fourrure à la terre. Ce qui fait que quand les pluies reviennent, l'eau ne s'infiltre plus,

ruisselle et emporte la terre. Le paysan perd tout, sa récolte et même la terre sur laquelle il cultive. Que fait-il alors ? Il migre vers les villes, le processus s'accélère, les paysans poussent à leur tour leurs enfants vers les villes, ce qui aboutit à une mutation négative considérable.
La question posée était : « Comment se nourrir, comment produire assez ? » En réfléchissant, je me suis rendu compte que ce que j'avais fait en Ardèche pouvait être transposé au Burkina Faso. L'expérience a pris énormément d'ampleur au point que le président Sankara m'a demandé de généraliser la technique de l'agroécologie au pays tout entier. De retour en France, j'étais en train de travailler sur cette réforme graduelle quand j'ai appris son assassinat. Cette occasion extraordinaire qu'un État adopte des méthodes régénératrices susceptibles de se répandre par l'exemplarité en est malheureusement restée là.

En Occident, même nos poubelles débordent et régurgitent. Plongés dans l'outrance et la surabondance, nous sommes encore insatisfaits. Le paradoxe, c'est que dans les pays du Sud, des gens

> L'écologie sert à défendre la nature mais aussi la beauté de la nature.

qui auraient mille raisons de se plaindre prennent des tambours, chantent et célèbrent la vie. Dans nos pays « développés », nous devenons des surconsommateurs de médicaments. Il y a d'un côté la misère de l'être et, de l'autre, celle de l'avoir. Ce qui est porteur d'espoir, néanmoins, c'est que chacun peut arrêter la machine infernale qui repose sur l'insatiabilité et l'avidité. Chacun peut éviter de nourrir les multinationales, qui, à l'évidence, exercent un pouvoir négatif sur la condition humaine.

Changer le monde, cela passe, au niveau individuel, par l'apprentissage du contentement, de la modération, ce que j'ai baptisé la « sobriété heureuse ». Le grand blasphème aujourd'hui, c'est de remettre en question la croissance invoquée comme *la* solution alors qu'elle est *le* vrai problème.

Au Moyen Âge, j'aurais été brûlé vif. On ne peut cependant pas continuer à placer au cœur de nos préoccupations le profit sans limites au détriment de l'humain et de la nature. Ce qu'on a appelé le progrès, est en fait l'instauration d'un système qui a relégué la nature. Le paysan a été considéré comme l'attardé de l'histoire, pris dans ses superstitions et son archaïsme, comme celui qui n'a pas évolué. L'ouvrier a aussi été présenté en bas de l'échelle. Et alors que l'être humain a mis des siècles à apprendre à se servir de ses mains, c'est l'intellectuel qui a été érigé en modèle, lui qui ne se sert que de son cerveau et a oublié les savoir-faire ancestraux. Nous devons réapprendre à utiliser nos mains, tout comme nous devons apprendre à habiter à nouveau ce corps qu'on oublie trop souvent, comme le rappelle Jon Kabat-Zinn dans le chapitre 3.

La nécessité du changement humain se pose partout et passe par la sobriété. Quand on fait le ratio entre l'indispensable non résolu (comme la faim dans le monde) et le superflu sans limites, on s'aperçoit de l'inanité du modèle dominant sur la planète.

Toute notre société de consommation est construite sur la frustration programmée, incompatible avec la satisfaction à laquelle pourtant nous aspirons tous. On se sent mal et pour tenter d'aller mieux, on consomme. Le consumérisme est une compensation, c'est une tentative de remplir le vide. Cette illusion ne tient que par la répétitivité mais n'est nullement une guérison définitive.

La croissance est invoquée comme *la* solution alors qu'elle est *le* vrai problème.

La publicité est, en l'occurrence, le meilleur moyen subliminal pour entretenir le sentiment permanent du manque. Tant de gens meurent chaque jour de faim, et pourtant, personne ne me reprochera d'avoir dix yachts. Le débridement de l'enrichissement et de la consommation aboutit à une évolution du système humain qui, à travers ses fantasmes, devient un rouage du gaspillage. Cette sobriété passe également par un autre rapport au temps qui, indexé sur l'argent, n'est plus que frénésie et source d'angoisse.

Vers un nouveau rapport au temps

Pendant des millénaires, l'humanité a vécu dans un rapport vital avec la nature et avec ce qui est présent en nous (les battements du cœur, la circulation, la respiration). Mais ce rapport au temps a été brisé par la modernité. On a instauré la vitesse et celle-ci, évidemment, a aussi modifié l'espace. Comme on a rompu avec le temps cyclique, le temps réellement inscrit en nous, nous sommes dans une suractivité

On oublie trop souvent que ce n'est pas le temps qui passe, mais nous qui passons.

qui a apporté la frénésie. Cette tendance nous fait sortir de l'ordre général du temps et inventer des outils efficaces pour l'assumer. Cette notion obsessionnelle du temps à gagner, à ne jamais perdre, aboutit même à des folies : voyez les sportifs qui sont prêts à faire éclater leurs poumons pour gagner un dixième de seconde. Être prêt à détériorer ainsi son corps pour la performance me pose question. On oublie trop souvent que ce n'est pas le temps qui passe, mais nous qui passons. Nous passons trop souvent à côté de nos vies, qu'il nous faut apprendre à habiter tous les instants.

Travailler ma terre me maintient en lien avec les saisons et les cadences naturelles dont la modernité nous a éloignées. C'est la raison pour laquelle je dis à mes amis que le temps passé dans mon jardin n'est pas négociable. Le monde moderne est fondé sur cet adage « time is money ». Cette frénésie du temps qu'il ne faut jamais perdre finit par rendre les êtres humains névrosés et prisonniers des montres et des horloges.

Certains chefs d'entreprise disent : mon entreprise va bien mais pas moi. Ce constat contribue à redéfinir ce qu'est la réussite d'une existence quand elle n'a pas comme objet l'épanouissement de la personne dans toutes ses dimensions. La déconvenue que nous sommes en train de vivre aujourd'hui donne encore plus de légitimité à cette interrogation.

Le pêcheur et l'homme d'affaires

Un homme d'affaires américain se promenait sur une plage et, non loin de là, un petit pêcheur était en train de se reposer pendant que ses filets séchaient. L'homme d'affaires s'approche et s'adresse au pêcheur : « Monsieur, si au lieu de vous reposer vous étiez au travail, vous pourriez avoir un bateau plus grand.
- Oui, et alors ? lui répond le pêcheur.
- Eh bien, grâce à ce grand bateau, vous pourriez engager des gens, créer du travail, puis acheter d'autres bateaux de pêche.
- Oui, et après ? lui dit-il.
- Eh bien, tout cela vous permettrait ensuite de vous reposer, conclut l'Américain.
- Mais c'est ce que je suis en train de faire... »

À la campagne, il y a des temps actifs, comme le printemps : toute la création se réveille, tout le monde est à la même cadence. Mais ces cadences sont variables en fonction des réelles nécessités, il y a aussi des périodes où l'on se laisse vivre. En ville, on ne peut pas.

C'est pour ces raisons que Michèle et moi avons quitté Paris. Notre retrait du monde tel qu'il a été organisé n'a pas été évident, nous avons eu des moments très difficiles. Mais, au final, le prix à payer me semble juste car ce que l'on acquiert à travers la difficulté prend de la valeur et devient précieux. D'une certaine façon, cela restitue à l'individu son besoin d'aventure à ses risques et périls, sans préjudice pour les autres. L'aventure devient ainsi l'expression de la liberté : je prends des risques, le chemin sera probablement balisé de difficultés mais, en les surmontant, j'apprends et le chemin devient alors initiatique. C'est également ma contribution, ma « part de colibri » pour un changement plus global dans le monde.

De l'individuel au collectif

Comme on l'a dit, changer le monde exige le changement de soi-même car je suis le monde et le monde est moi. Or, le monde dans lequel nous vivons a tendance à nous dédouaner de notre responsabilité. En politique, par exemple, le suffrage universel nous permet de donner pouvoir à telle ou telle personne, que nous accablons si elle ne nous convient pas ! Ce qui engendre chez beaucoup d'entre nous un sentiment d'impuissance car on se sent englué dans une logique qu'on ne maîtrise pas. Quand on y réfléchit, l'histoire est pleine de gens qui ont cru bien faire en récusant l'ordre établi pour lui substituer un autre ordre, qui se révèle à son tour la cause d'un nouveau désordre, et ainsi de suite... Cette alternance infernale met en évidence la nécessité d'un consensus planétaire pour y mettre fin. Encore faut-il s'entendre sur les valeurs sur lequel il serait fondé.

L'illusion d'être séparés crée l'individualisme et les antagonismes. L'individualisme nous enferme et nous circonscrit dans une réalité rendue si étroite que nous finissons par nous sentir prisonniers, incarcérés en nous-mêmes. Mais nous ne sommes pas des individus étanches : nous respirons le même air, buvons la même eau, nos relations sont des flux d'énergie que nous partageons. À ce titre, je déplore que se perpétue aveuglément l'antagonisme entre nous et le monde. L'éducation compétitive,

Il me semble que l'on perpétue aveuglément l'antagonisme entre nous et le monde.

par exemple, est un véritable désastre. Au lieu de préparer l'enfant à la solidarité, à la compassion, à l'entraide, à la coopération, elle le conditionne à la compétition, à la rivalité. L'idéologie dominante a créé ses préceptes, dogmes et credo à l'instar d'un système intangible. L'éducation confine à un endoctrinement pour « produire » un adulte adapté à cette idéologie dominante. On pourrait lister beaucoup de défaillances, de dissonances que l'éducation a produites. En cela, les expériences scientifiques que relate Matthieu au chapitre précédent sont porteuses d'un réel espoir. La question se pose aussi en termes de féminin et de masculin. C'est un crève-cœur de constater la subordination quasi universelle du féminin à un masculin trop souvent brutal, alors que ce sont des énergies complémentaires, que la vie s'est fondée sur la complémentarité de l'un et de l'autre, comme la procréation le démontre magistralement.

À l'évidence et dans la mesure où l'humanité échappera à l'extinction dont elle sera responsable, nous nous préparons à être de très mauvais ancêtres. Nous laisserons aux générations futures les effets de nos nombreuses transgressions à l'égard de la vie.

Le problème est si vaste que si nous attendons simplement que l'orientation de notre histoire se fasse par ceux à qui nous remettons notre destinée, il y a de quoi être totalement découragés. En écoutant les discours politiques, j'ai souvent l'impression d'assister à de l'acharnement thérapeutique sur un modèle qui est, à l'évidence, moribond. On s'obstine à maintenir la règle politique sans prendre en compte les fondements mêmes de la vie. Mais la gouvernance dans laquelle nous sommes engagés marque de plus en plus son impuissance et sa finitude. Il est grand temps que les consciences s'éveillent et que fleurissent les utopies dont la société civile est de plus en plus prodigue.

L'éveil des consciences

La vraie révolution est encore celle qui nous invite à nous transformer nous-mêmes pour transformer le monde. Le changement global ne pourra venir que par le changement humain. Si l'être humain ne change pas, rien d'autre ne peut changer.

Le changement global ne pourra venir
que par le changement humain.
Si l'être humain ne change pas,
rien d'autre ne peut changer.

D'où l'importance de prendre ses responsabilités au niveau individuel pour changer la donne. C'est pour cela que l'éveil des consciences est important : prendre la mesure de notre inconscience demeure le premier pas, une sorte de fulgurance créatrice. Nous recelons en nous, sans toujours le savoir, la puissance du changement.

Je n'aime pas l'expression « prise de conscience », cela me rappelle l'électricité, comme si la conscience flottait dans l'air et qu'il suffisait de s'y brancher. Je préfère parler d'élévation des consciences. Quand quelqu'un gravit une montagne, cela lui demande un effort, ses jambes fatiguent, mais le paysage s'élargit, devient de plus en plus intelligible. Notre comportement et la façon dont nous avons organisé le vivre ensemble sont inspirés par l'exiguïté de nos espaces idéologiques confessionnels, ethniques et autres, à l'origine de tant de violence !

Notre civilisation dépeint la réalité comme fragmentée alors qu'elle est une. La même énergie nous anime tous et, finalement, nous sommes tous de la même espèce. En élevant notre conscience, on peut voir la relation entre les éléments constitutifs d'une réalité plus large qui ne comporte aucune division. Voir plus loin demande un effort, car il s'agit d'une véritable initiative. Je pense qu'aujourd'hui cet élargissement est en cours parce que nous sommes de plus en plus nombreux à vouloir donner un sens à la vie et à nos vies.

Je me demande parfois ce que serait le comportement des individus dans le cas d'une crise sociale aiguë : chacun pour soi ou partage et convergence ? C'est cette seconde piste, naturellement, que nous testons et développons avec le concept des « oasis en tous lieux ».

Il faudra désormais apprendre à nous libérer de notre histoire individuelle pour une sociabilité des consciences déconditionnées. Car ce sont les conditionnements idéologiques, religieux, tribaux qui sont toujours la cause principale de la violence sur la planète.

Dans le même temps que le contexte général de la société globale ne cesse de s'aggraver, le foisonnement d'innovations de la société civile est très pro-

Je pense que la société civile est un vaste champ d'expérimentations d'intérêt général, là où le politique s'obstine à maintenir à tout prix l'ancien modèle.

metteur. Ce laboratoire de créativité spontanée me donne beaucoup d'espoir. Il se fonde sur une réaction vitale des individus et des groupes. Dans un de mes derniers livres, je parlais du génie créateur de la société civile. Je persiste et signe. Je pense que la société civile est un vaste champ d'expérimentations d'intérêt général, là où le politique s'obstine à maintenir à tout prix l'ancien modèle.

Or, le modèle doit impérativement être remis en question. La crise actuelle a le mérite de nous libérer des grandes illusions. Nous sommes dans une phase de transition difficile, avec une panique qui se manifeste soit dans les rues, soit dans l'imaginaire secret des individus, en même temps que se prépare le rebond. La force de la vie agira nécessairement car nous n'avons pas envie de disparaître. Cette alchimie invisible travaille par l'effet d'un réalisme dur mais constructeur. Et dans cette étape

Humus, racine d'humanité

La terre est cet élément fondamental auquel nous devons tous la vie. Notre existence repose finalement sur une pellicule ténue de seulement 20 à 30 cm d'épaisseur : l'humus. Mais cette terre, ce substrat, on est en train de la détruire, notamment par des pratiques agricoles basées sur la chimie, qui l'empoisonnent. Nombre de ces substances ont été créées pendant la guerre et pour servir celle-ci. Ensuite, la pétrochimie a orienté l'agriculture vers l'usage de ces substances pour continuer à faire du profit. La terre est un organisme vivant que les engrais rendent malade : en tuant les microbes, les vers de terre, en supprimant les oligoéléments, on lui enlève tout ce qui lui donne sa vitalité. C'est pour cela qu'en agriculture biologique on nourrit la terre avec des matières organiques obtenues par le compostage, c'est-à-dire la fermentation. C'est ce qui se passe naturellement dans les forêts par exemple : les feuilles mortes tombent et se décomposent pour former l'humus. L'humus retourne à la terre et la redynamise : c'est le cycle permanent de la vie de la mort, tout ce qui meurt se transforme.

Ce n'est pas pour rien que l'étymologie rapproche humus d'humanité et d'humilité. C'est l'élément clé du rebondissement de la vie : une matière extraordinaire !

Quand on composte, que l'on produit son humus, qu'on le met dans la terre, cela la nourrit. De la sorte, vous l'aimez, l'entretenez et lui donnez la capacité de rebondir uniquement avec des éléments vivants. C'est un enseignement pour notre vie en général : au lieu de détruire, l'être humain doit s'intégrer au cycle et entretenir la vie.

cruciale, il est important que les gens sentent qu'ils ne sont pas seuls.

Le simple bon sens confirme que la coopération est bien plus efficace et salutaire que la compétition pour résoudre les problèmes. Les fourmis, les abeilles, les termites nous le démontrent en quelque sorte sur le plan élémentaire de la survie commune. Les lois de la vie, c'est-à-dire mutualiser et mettre en commun les énergies, les savoirs et les savoir-faire, aboutissent à la satisfaction de chacun alors que la compétitivité aboutit à l'affaiblissement du plus grand nombre par la minorité. Par la générosité et la bienveillance qu'elle implique, la coopération est la chose la plus élégante et la plus intelligente.

Une alchimie secrète et discrète est en train de s'établir dans les consciences, mais en silence, un peu comme un hiver qui prépare l'explosion de vie du printemps. Dans ce grand sommeil de la nature, on a l'impression que rien ne se passe, l'apparence est statique mais, en profondeur, s'accomplit un travail de germination prometteuse d'abondance. Je fais partie des privilégiés qui peuvent témoigner de ce phénomène. Grâce aux conférences et aux écrits je suis en mesure de le constater auprès d'un public de plus en plus nombreux.

Prendre soin de la terre, c'est prendre soin de la vie

Avec l'agroécologie, le soin de la terre répond en particulier à une problématique extrêmement douloureuse, à savoir celle de la faim dans le monde. Comment peut-on admettre que des enfants naissent pour mourir d'inanition sur une planète en mesure de nourrir tous ses habitants ? Et ce alors que, par ailleurs, les armements prolifèrent à la gloire de la mort. Si l'on fait un ratio entre l'énergie consacrée à l'amour et celle mise au service de la haine et de la destruction, on est bien obligés de constater que les pulsions de mort sont mieux servies que les pulsions de vie. Ainsi, soigner la terre est pour moi une des manifestations de l'amour. Et en

> Quand je contemple la nature, une vibration naît en moi et produit une sorte de jubilation.

prenant soin de la terre, on prend soin de l'humain, tout est relié.

Apprendre à un paysan à respecter sa terre, à mieux se nourrir et à mieux nourrir ses enfants, à préserver la planète, est un processus qui aboutit à générer du bien, à resacraliser, à rétablir l'équilibre et l'harmonie entre notre espèce et la réalité vivante.

D'aucuns se demandent si l'avènement de l'humain est inscrit dans une évolution ordinaire, biologique, si nous sommes juste des mammifères savants, parmi d'autres, qui disparaîtront, victimes d'eux-mêmes, ou si autre chose justifie notre avènement. Quand je contemple la nature, une vibration naît en moi et produit une sorte de jubilation. C'est l'une des grandes raisons pour lesquelles nous avons choisi d'acheter une ferme, pour y mener notre vie et en vivre, où les critères de beauté ont pesé lourd dans notre décision. Les conditions strictement agronomiques étaient médiocres : sol aride et rocailleux, insuffisance d'eau et absence d'électricité. Mais les richesses telles que le paysage, le silence, l'air pur, bien que ne figurant pas sur un bilan comptable, l'ont emporté. Dans la frénésie productive, on ne s'attache plus à la beauté de la vie. La vraie question est de savoir comment entretenir cette transcendance de l'amour et comment faire pour qu'elle ne soit pas dénaturée par notre perception.

Quand nous nous sommes installés
en Ardèche dans notre petite ferme, nous
nous chauffions au bois pendant l'hiver.
Nous étions très pauvres. Un jour, alors
que je buvais un café dans un bistrot
avec des amis, j'entends quelqu'un
se plaindre d'être seul pour couper son bois.
Nous nous sommes rapprochés
et avons décidé de nous entraider. Un soir,
après une dure journée de labeur à couper
du bois dans la forêt, arrive le crépuscule avec
un coucher de soleil splendide sur lequel se
découpent les ramures d'un arbre magnifique.
Face à un tel tableau, je reste silencieux,
comme en extase. Mon compagnon, intrigué,
s'approche de moi et, voulant partager

avec lui cet instant de bonheur, je lui dis « regarde ! ». Il me répond alors : « On pourrait en tirer au moins dix stères ! »
Le quiproquo n'était pas sans signification !

Incarner l'utopie

Ce qui a toujours généré les plus grands troubles sur la planète est dû à l'insécurité et à l'angoisse de la mort. Autour de mes 40 ans, j'ai traversé une crise d'identité sans précédent. Ce qui est paradoxal, c'est qu'à ce moment-là j'avais tout pour me réjouir et c'est également à ce moment-là que la crise est arrivée. La lecture des écrits de Krishnamurti m'a beaucoup aidé à me tirer d'affaire. Ni paternaliste ni consolatrice, cette immense conscience éclairée m'a seulement aidé à m'aider par moi-même. Avec une sorte de maïeutique socratique sans endoctrinement ni précepte ni dogme, l'esprit explore librement le réel et la réalité auto-initiée par l'observation stricte des faits sans l'imaginaire d'une pensée fertile en hypothèses au détriment d'un réalisme sans fioritures. Considéré par la société théosophique comme le grand initiateur du nous, Krishnamurti a reflété tout ce qui l'aurait pétrifié dans la posture du gourou. Il est l'anti-gourou par excellence et c'est ce qui m'a rassuré.

L'utopie nous déconditionne et nous conduit parfois à transgresser pour survivre. L'alternative est là : soit on reste dans le conformisme du « on ne peut rien changer », soit on le transgresse pour aller vers le changement.

Incarner l'utopie, c'est avant tout témoigner qu'un être différent est à construire. Un être de conscience et de compassion, un être qui, avec son intelligence, son imagination et ses mains rend hommage à la vie dont il est l'expression la plus élaborée, la plus subtile et la plus responsable.

Ils m'inspirent

Thomas Sankara (1949-1987)

Il était une conscience africaine exceptionnelle avec un discours d'une résonance universelle. Cet avocat humaniste fut un grand héros de l'Afrique noire. Il y avait en lui une contradiction : bien que militaire, c'était un homme de paix qui avait un vrai souci de l'être humain. Il se préoccupait aussi de la condition des femmes subordonnées à un masculin outrancier et dominateur. Il a fait énormément pour la reconnaissance de nos mères, de nos sœurs, de nos compagnes, comme il se plaisait à le dire.

Yehudi Menuhin (1916-1999)

Yehudi Menuhin était une belle conscience, un immense violoniste, un humaniste intégral, un écologiste et un homme de paix. Il avait l'innocence d'un enfant, c'était un homme hyper sensible et cohérent. Ami de Mandela, il était très touchant. Au-delà du grand artiste, il croyait en des valeurs d'un autre ordre. Il avait une posture politique courageuse en toutes circonstances, et notamment dans le contentieux israélo-palestinien. Il fut pour moi un grand ami. Il avait découvert mon travail au Sahel à la lecture de l'ouvrage *Du Sahara aux Cévennes* et avait été touché : notre rencontre fut d'une nature très profonde. Ensemble, nous avions envisagé la création d'un Parlement européen des cultures, pour le maintien de la biodiversité culturelle comme richesse de tous. En 1992, Yehudi Menuhin m'a fait l'honneur d'un concert exceptionnel dédié à nos projets, au titre évocateur : « Hymne pour une terre humaine ».

MES TROIS CONSEILS PRATIQUES POUR SE RÉCONCILIER AVEC LA NATURE

1. Cultiver un potager

Si vous pouvez cultiver un jardin, lancez-vous. D'abord pour le rapport aux lois de la nature qui est extraordinaire. Les saisons nous enseignent la patience. En outre, cultiver un potager, ce n'est pas simplement produire ses légumes, c'est apprendre à s'émerveiller du mystère de la vie. Personne n'est capable de réaliser cette magie sinon la vie elle-même, avec cette subtilité, comme celle du corps humain. On plante une petite graine et, dans cette graine, il y a potentiellement des tonnes de graines. C'est magique que dans une petite graine endormie, insignifiante, il y ait une puissance de vie aussi considérable.

Cultiver son jardin, c'est aussi en quelque sorte un acte politique et légitime de résistance. Soit nous laissons les multinationales et l'affairisme planétaire nous nourrir en brevetant la vie, en nous rendant dépendants et en nous confisquant notre capacité d'assurer par nous-mêmes notre propre survie, soit nous cultivons nos jardins qui, en plus du bonheur que cela nous procure, nous relient aux forces vitales sans lesquelles nous n'existerions pas.

2. Incarner l'utopie dans nos choix de consommateurs

Nos choix de consommation sont importants. Cependant, chaque fois que je fais le plein d'essence, je donne de l'argent aux multinationales contre lesquelles je fulmine. Je ne peux nier les contradictions dans lesquelles je me trouve emprisonné. Nous sommes tous pris dans un système que nous ne cessons de récuser. Celui-ci, pour perdurer, a recours à tous les stratagèmes subjectifs et symboliques afin de manipuler, avec la publicité, les consciences et de produire du consentement. On ne vend pas seulement de l'usage, mais aussi du rêve et du fantasme. Le temps est venu de sortir de l'envoûtement pour incarner les utopies créatrices d'un monde tangible fondé sur la conscience.

3. L'amour pour changer le monde

Si l'on part du principe qu'il ne peut y avoir de changement de société sans changement humain, le travail que chacun peut accomplir est celui qu'il fait sur soi-même, sur sa propre transformation. Et un travail important à mes yeux consiste en l'incarnation de l'amour dans sa relation avec ses semblables, même si c'est difficile. Je pense également qu'il faut être tolérant à l'égard des individus et ne pas juger trop vite les personnes, parce qu'elles sont probablement en voie de transformation. Par contre, je suis intransigeant et dans une protestation sans appel contre ce qui outrage le caractère sacré de la vie.

C'est à partir de nos microcosmes que l'on construira l'apaisement planétaire, en élaborant une harmonie toujours plus grande dans nos familles et dans nos couples. Chacun de nous dispose d'un espace dans lequel il est souverain et où son libre arbitre peut s'exercer pleinement. Il n'est pas d'autre force capable de donner à la vie sa plénitude et son sens que l'amour. Rappelons-nous de cette évidence.

6

LA CONSCIENCE EN ACTION

CAROLINE LESIRE & ILIOS KOTSOU

DIPLÔMÉE EN SCIENCES POLITIQUES, ELLE TRAVAILLE DANS LA COOPÉRATION AU DÉVELOPPEMENT.
IL EST CHERCHEUR EN PSYCHOLOGIE DES ÉMOTIONS.
ENSEMBLE, ILS ONT CRÉÉ L'ASSOCIATION ÉMERGENCES ET COORDONNÉ LA RÉDACTION DE CET OUVRAGE.

« Un arbre qui tombe fait plus de bruit qu'une forêt en train de pousser », dit un proverbe africain. Dans notre monde globalisé, nous sommes quotidiennement confrontés à de mauvaises nouvelles : famines, troubles économiques et sociaux, incendies, inondations, actes de barbarie. Une dispute qui tourne mal fait beaucoup plus de bruit que mille différends réglés sans drame au même moment. Quel que soit le contexte, la face sombre de l'humanité est souvent davantage mise en lumière que son côté lumineux. Les nombreux actes de générosité désintéressée et autres comportements altruistes n'occupent que rarement la une des journaux ou le centre de nos conversations.

Selon le psychologue Roy Baumeister, le négatif est plus fort que le positif. Ce biais s'explique par le fait que, pour survivre dans l'environnement très difficile de nos ancêtres, il était plus important de repérer les menaces que les bénéfices potentiels. Face à la prise de conscience de toutes les erreurs que nous avons faites, et des dangers qu'elles nous font courir, nous, les humains, nous sentons souvent impuissants. Et le fait de penser que la situation nous échappe complètement, que nous ne pouvons rien changer, risque de nous mener à une forme de résignation. La manière même dont l'information circule nous cantonne généralement à un rôle passif de spectateur : on assiste à la transmission quasi verticale du contenu d'une source autorisée (expert, journaliste, économiste, etc.) vers un récepteur passif. Dans ce contexte, et alors qu'existe une volonté de plus en plus forte des citoyens de se sentir impliqués et d'agir, comment garder espoir ?

Les dangers de la résignation

Mettre notre conscience en action afin de trouver cette paix globale avec nous et entre nous requiert de garder espoir et de ne pas se résigner face à un avenir pourtant très incertain.

Une des études phares sur la question de la résignation a été réalisée dès 1967 par le psychologue Martin Seligman et ses collègues[1]. Dans la première partie de l'expérience, les chercheurs ont soumis deux groupes de chiens à des chocs électriques modérés. Dans l'un des groupes, il était possible pour les chiens d'actionner un levier qui arrêtait les chocs. L'autre groupe de chiens n'avait aucun contrôle sur la situation. Ensuite, tous les chiens étaient placés dans un enclos composé de deux parties séparées par une barrière. Les chocs étaient ressentis d'un seul côté : il suffisait donc de sauter la barrière pour y échapper. Les chercheurs ont constaté que les chiens qui, dans un premier temps, n'avaient pas eu le contrôle de la situation, n'essayaient pas de fuir les chocs, contrairement à ceux de l'autre groupe.

Ce même syndrome de « résignation acquise », comme l'ont appelé les chercheurs, a été observé chez les humains. Lorsqu'une personne se rend compte de son absence de contrôle sur les événements, elle adopte le plus souvent une attitude résignée ou passive qui se généralise ensuite aux situations dans lesquelles son action aurait pu être efficace. L'individu devient alors imperméable à son environnement et en oublie même les petits gestes de solidarité du quotidien envers un voisin, une personne en difficulté. La résignation acquise réduit aussi notre motivation et nos capacités d'apprentissage, pourtant tellement utiles pour faire évoluer le monde.

L'espoir d'être utile

Pour garder espoir, nous avons besoin de percevoir que nos actions servent à quelque chose. Pour le psychologue Albert Bandura, le sentiment que nous pouvons obtenir les résultats souhaités grâce à notre propre action est le fondement de notre motivation à agir : c'est ce qu'il appelle le « sentiment d'efficacité[2] ». Si nous ne sommes pas convaincus d'être capables de changer la donne, nous aurons de moins en moins de raisons d'agir, et encore moins de raisons de faire face aux difficultés.

Les mises en garde et les modèles négatifs qui se focalisent sur les risques d'une situation sont nécessaires pour prendre conscience de l'urgence d'un changement. Mais comme l'ont démontré de nombreuses recherches dans le champ de la psychologie positive, ce n'est pas suffisant pour se mettre en action et soutenir de vraies démarches de changement durable.

L'espoir nous est donc indispensable pour passer du découragement inspiré par la conscience de l'urgence à un engagement joyeux, enraciné dans un optimisme réaliste et confiant. Écouter la forêt qui pousse plutôt que l'arbre qui tombe, c'est prendre conscience que nous ne sommes pas les seuls à marcher, et que de nombreuses mutations positives sont déjà à l'œuvre. Certaines sont d'ailleurs présentées en fin d'ouvrage. Une telle prise de conscience est de nature à donner espoir en l'avenir et à nous encourager à poursuivre les actions déjà engagées.

Nourrir l'espoir et s'intéresser au positif ne signifie pas avoir une vision idéalisée du monde ou ignorer les souffrances et les difficultés. Il s'agit plutôt de considérer qu'à côté des problèmes, des dysfonctionnements et des défis gigantesques auxquels l'humanité tout entière doit faire face se développent de multiples projets individuels et collectifs prometteurs. C'est ce à quoi s'intéresse la psychologie positive, comme nous l'avons expliqué dans un précédent ouvrage[3].

Une marche de mille lieues commence par le premier pas

Marcheur, ce sont tes traces ce chemin, et rien de plus;
Marcheur, il n'y a pas de chemin, le chemin
se construit en marchant.
En marchant se construit le chemin, et en regardant
en arrière
On voit la sente que jamais on ne foulera à nouveau.
Marcheur, il n'y a pas de chemin, seulement des
sillages sur la mer.

Antonio Machado[4]

Les petits pas sont indispensables à tout grand changement et permettent aussi de ne pas se décourager devant l'ampleur de la tâche. Comme le dit Confucius: « Celui qui déplace la montagne commence par enlever les petites pierres. » Pour trouver le courage de se mettre en marche, il nous faut peut-être apprendre à agir en étant conscients de l'importance même de chacun de nos actes et à les apprécier pour ce qu'ils sont, pour leur intention et sans être obsédés par leurs résultats qui ne dépendent pas uniquement de nous, et ne se produisent pas toujours dans l'immédiat. Cette forme de discernement nous permet aussi de concentrer

Nourrir l'espoir et s'intéresser au positif ne signifie pas avoir une vision idéalisée du monde ou ignorer les souffrances et les difficultés.

notre énergie dans les domaines sur lesquels nous avons de l'influence et d'apprendre à accepter ce que nous ne pouvons changer directement.

À propos de notre pouvoir et de notre responsabilité dans les changements en direction d'un monde plus juste, Stéphane Hessel disait : « Chacun, en tant que modeste membre de sa société, elle-même avec d'autres sociétés sur la voie de la société mondiale, peut réaliser une infime part de la volonté portée par cette réforme, et ce dans son environnement le plus proche. Il n'est pas indispensable de se rendre à New York et d'aller discuter au Conseil de Sécurité. Une personne peut très bien être à Paris et se dire : "Ici, dans le 14e arrondissement, il y a bien peu d'arbres, nous devons faire quelque chose." Et ces actions se généraliseront à travers l'impératif catégorique afin que toutes nos actions aient un sens commun[5]. »

La contagion du changement

Comment donc, à partir de notre action individuelle, contribuer à mettre en place les conditions pour que la forêt grandisse et s'épanouisse ? Le changement est contagieux : diverses expériences illustrent la manière dont des spirales positives sont à même de s'enclencher à partir de petites émotions et gestes du quotidien. Lorsque nous modifions nos comportements et que nous décidons de mettre un peu plus de cohérence dans nos vies, cela a un effet sur nous mais également au-delà : nous influençons notre entourage direct ainsi que chacune des personnes avec lesquelles nous interagissons. Et cela, tant dans les grands moments de notre existence que dans chaque petite rencontre du quotidien.

Dès lors, se centrer sur les forces, les vertus, les qualités d'un individu ou d'un groupe, reconnaître les bienfaits des autres ou tout simplement nous tourner vers ce qu'il y a de mieux en chacun de nous est le ressort d'une spirale positive ascendante à même de transformer la société bien plus qu'on ne peut l'imaginer.

Prenons la gratitude : cette émotion qui renforce nos liens et nous connecte au monde est, selon le Dr Emmons qui a consacré sa vie à l'étudier, l'un des rares éléments de nature à apporter un changement mesurable dans nos vies et dans celle des autres[6]. La gratitude naît en soi quand on réalise que l'on a reçu un bénéfice, un bienfait, grâce à l'action d'autres personnes. Nous reconnaissons par là nos liens et notre interdépendance avec les autres, nous prenons conscience que nous avons besoin les uns des autres pour exister. Comme le dit André Comte-Sponville[7], « remercier, c'est donner ; rendre grâce, c'est partager. » De très nombreuses recherches scientifiques montrent que la gratitude élargit les comportements positifs de celui qui a été aidé au-delà d'une simple norme de réciprocité. Par ailleurs, le bienfaiteur en bénéficie aussi : le sentiment d'utilité sociale qui voit le jour après

Agir sans avoir d'attente

Il est arrivé aux oreilles d'un sage la nouvelle d'un incendie dans le bois. Il réunit ses disciples et leur dit : « Nous devons replanter des cèdres.
– Des cèdres, maître, mais il leur faut deux mille ans pour grandir !
– Alors, dépêchons-nous, il n'y pas une minute à perdre ! »

Les enfants de cette favela ont maintenant droit à la *bolsa familia* (allocations familiales) à condition d'être scolarisés et d'avoir un carnet de vaccination à jour.

avoir reçu des expressions de gratitude nous motive à continuer à nous engager pour aider les autres[8].

Un autre exemple intéressant est le sentiment d'élévation. Les recherches du professeur Jonathan Haidt montrent que le fait d'être témoin direct d'actes prosociaux ou d'en entendre parler active le désir de devenir meilleur et de réaliser à son tour des actes d'entraide[9]. L'élévation motive à agir de manière altruiste, ce qui favorise la gratitude qui, à son tour, facilite le sentiment d'élévation et l'altruisme : la spirale positive est alors enclenchée.

Pour tester l'influence concrète de ce sentiment sur les comportements, Simone Schnall, professeur à l'université de Cambridge, et son équipe ont monté une expérience dans laquelle des participants étaient exposés à un extrait vidéo provenant soit d'un programme neutre (documentaire sur la nature), soit d'un film qui induisait le sentiment d'élévation (biographie de Mère Teresa), soit d'une comédie. Après avoir fait visionner l'extrait, le chercheur prétendait avoir besoin d'aide. Il disait aux participants qu'ils étaient libres de partir, mais que cela lui serait vraiment utile s'ils l'aidaient dans une tâche fastidieuse. Les résultats ont montré que les participants qui avaient visionné l'extrait du film induisant le sentiment d'élévation (par exemple la biographie de Mère Teresa) avaient consacré deux fois plus de temps à assister l'expérimentateur[10].

C'est une des raisons pour lesquelles nous avons voulu, dans cet ouvrage, mettre en lumière des projets altruistes portés par des individus ou des collectivités qui s'engagent pour un monde plus solidaire, durable et équitable. C'est également la raison pour laquelle les auteurs ont tous cité quelques personnes qui les inspirent.

Les colibris sont partout

Ouvrir grands les yeux pour devenir le témoin conscient d'actes altruistes, passer du temps avec des gens qui vivent et véhiculent au quotidien des valeurs qui nous sont chères, voilà des sources d'enrichissement pour soi, mais aussi pour la société. Nous l'avons vu, l'élévation et la gratitude nous permettent de nous sentir bien, mais elles nous incitent aussi à nous améliorer : en cela, elles influencent profondément nos comportements et nos relations. Edgar Morin insiste beaucoup sur cette nécessité de nous relier et de nous retrouver. « Ainsi, dit-il, nous pourrons éprouver réellement notre destin commun, le sens de la responsabilité personnelle, de l'engagement pour toute l'humanité dont nous sommes une toute petite fraction, un petit colibri[11].»

L'engagement d'un seul individu peut sembler dérisoire face à l'énormité de la tâche, mais même les institutions les plus lourdes et les multinationales les plus grosses sont composées, du sommet à la base, d'individus capables de changement. À partir du moment où les individus qui sont mus par cette vision différente du monde (plus coopérative, plus altruiste) atteignent une certaine masse critique, ils participent au changement à un niveau social qui peut influencer la culture et affecter les institutions. Il ne sert à rien d'espérer voir changer les institutions sans changer les modèles et donc les esprits qui les ont créés. D'ailleurs, commencer le changement par le niveau individuel permet de ne pas s'assécher au niveau de la motivation et de changer les institutions à la lumière des connaissances, de la compréhension, de la sagesse et de la cohérence qui sont l'œuvre d'un changement individuel. Comme le dit Jon Kabat-Zinn : « Le temps viendra, oui, mais à la seule condition que nous nous appliquions à nous éveiller.»

Enfin, un peu d'humour, de joie et de légèreté nous paraissent des ingrédients indispensables pour ne pas se prendre trop au sérieux et restés connectés

Nous ne sommes pas séparés; prendre soin de la nature, des autres et de nous-mêmes, c'est prendre soin de la vie. Et rester connectés à la vie, c'est être à l'écoute des changements.

à la vie. C'est ce qui permet aussi de rester humbles et conscients que nous ne contrôlons pas grand-chose d'autre que nos comportements. «L'humilité, dit Pierre Rabhi, permet de ne pas renoncer à la jubilation.» Comment faire les choses sérieusement sans se prendre au sérieux? «Il faut se donner à soi-même ce qui est nécessaire pour être joyeux[12].»

Si les hommes prennent soin de leurs blessures, peut-être pourront-ils en causer moins aux autres et à l'environnement. Les paroles de Jon Kabat-Zinn, Pierre Rabhi, Matthieu Ricard et Christophe André se rejoignent en ce message: nous ne sommes pas séparés; prendre soin de la nature, des autres et de nous-mêmes, c'est prendre soin de la vie. Et rester connectés à la vie, c'est être à l'écoute des changements.

Il se produit peut-être en nous, dit Edgar Morin, une métamorphose, une transformation radicale, à l'image de la chenille qui, dans un premier temps, s'autodétruit pour mieux s'autocréer comme papillon[13]. À cette étape cruciale, telle une vague prenant conscience qu'elle n'est pas séparée de l'immensité de l'océan, nous pouvons choisir de tourner notre attention sur elle-même et découvrir, à l'intérieur de nous, un espace immense, qui est le monde.

Ils nous inspirent

Viktor Frankl (1905-1997)

Né à Vienne en 1905, Viktor Frankl était professeur de neurologie et de psychiatrie. En 1942, il est déporté avec sa famille dans le camp de concentration de Theresienstadt. En 1944, il est envoyé à Auschwitz d'où il sera libéré un an plus tard. Il y observe avec étonnement que les plus robustes, ceux qui étaient le plus dans l'action, sont les premiers à mourir, tandis que ceux qui paraissent les plus faibles résistent beaucoup plus longtemps : « Face à l'absurde, les plus fragiles avaient développé une vie intérieure qui leur laissait une place pour garder l'espoir et questionner le sens. » Cette épreuve, dont ses parents et sa femme ne reviendront pas, lui inspire une théorie sur le sens de la vie, baptisée « logothérapie ».
À nos yeux, il incarne à merveille la capacité de l'être humain à traverser les épreuves et à mettre une vie intérieure riche au service des autres.

Émile Shoufani (né en 1947)

Né à Nazareth, Émile Shoufani est un théologien et éducateur chrétien arabe, de nationalité israélienne. Quelques mois après la création d'Israël, sa famille est expulsée. Son grand-père et son oncle sont tués par l'armée israélienne durant la première guerre israélo-arabe. Élevé par sa grand-mère, celle-ci lui inculque la valeur du pardon et le refus de la haine. Celui que l'on connaît mieux sous le nom de « curé de Nazareth » a mis en œuvre dès 1988 des projets d'éducation pour la paix, la démocratie et la coexistence dans le collège Saint-Joseph qu'il a dirigé pendant plus de vingt ans. Pour lui, la diversité culturelle et religieuse, loin d'être un obstacle, doit être considérée comme un vecteur de paix. Fin 2002, il a lancé le projet « Mémoire pour la paix » et organisé en 2003 un pèlerinage commun juif et arabe à Auschwitz-Birkenau, auquel Caroline a eu la chance de participer dans le cadre de ses études. Le père Shoufani a reçu le prix Unesco de l'éducation pour la paix cette même année.

TROIS RECOMMANDATIONS PRATIQUES

1. Le non-jugement

« Pourquoi divisons-nous la vie, qualifiant telle chose de bonne et telle autre de mauvaise, et créant par là même le conflit des contraires ? » demande Krishnamurti.

Nous jugeons continuellement, collons des étiquettes et mettons les gens dans des cases. Ces jugements sont potentiellement générateurs de conflits, de frustration et de mal-être. Ils limitent notre compréhension des autres et empêchent une vraie communication.

Essayons à la place de cultiver une attitude humaine et chaleureuse envers les personnes que nous rencontrons, en

Les trois tamis

Quelqu'un vient un jour trouver Socrate et lui dit :

« Sais-tu ce que je viens d'apprendre sur ton ami ?

– Un instant, répond Socrate. Avant que tu me racontes, j'aimerais te faire passer un test, celui des trois tamis.

– As-tu vérifié si ce que tu veux me dire est vrai ?

– Non. J'en ai simplement entendu parler...

– Ce que tu veux m'apprendre sur mon ami, est-ce quelque chose de bon ?

– Ah non ! Au contraire.

– Est-il utile que tu m'apprennes ce que mon ami aurait fait ?

– Non. Pas vraiment.

– Alors, conclut Socrate, si ce que tu as à me raconter n'est ni vrai, ni bien, ni utile, pourquoi vouloir me le dire ?

les acceptant telles qu'elles sont et en comprenant que les difficultés sont le plus souvent le fruit d'incompréhensions, de maladresses et de souffrances.

2. La douceur envers soi

N'est-il pas paradoxal de vouloir la paix avec les autres, la paix à l'extérieur si nous sommes continuellement en lutte à l'intérieur de nous ? La douceur et l'indulgence envers nous-mêmes nous semblent un préalable à une relation plus apaisée avec les autres et le monde. La douceur envers soi, appelée aussi autocompassion, fait référence à cette attitude bienveillante envers nous-mêmes, particulièrement utile dans les moments difficiles où nous sommes bien souvent les plus exigeants et les plus durs avec nous-mêmes.

Être plus doux et plus compréhensifs avec nous-mêmes, nous ouvrir avec bienveillance à nos fragilités, permet de nous relier avec humilité à cette grande famille humaine.

3. Nourrir le positif

Il y a de nombreuses façons de favoriser et de nourrir des spirales positives dans nos vies, dans nos couples. Nous pouvons choisir où porter notre regard et nous nourrir d'exemples de personnes altruistes et inspirantes. Enfin, nous pouvons nous attacher à régulièrement donner et recevoir des expressions de gratitude.

CONCLUSION
C'EST ICI QUE TOUT COMMENCE

Les défis auxquels nous sommes confrontés sont immenses, mais une multitude de personnes et de projets sont déjà en marche. Aux quatre coins de la planète, des femmes et des hommes prennent conscience, s'engagent et inventent de nouvelles manières de vivre ensemble. Cet ouvrage est d'ailleurs un moyen de leur rendre hommage dans l'esprit de Lao Tseu qui nous dit : « Il vaut mieux allumer une bougie que maudire l'obscurité. »

Tout au long de ces pages, nous avons mis en évidence ce constat : se changer et changer le monde ne sont pas deux éléments qui s'opposent, mais deux processus qui se nourrissent et se renforcent mutuellement.

C'est ce que nous faisons au jour le jour qui change réellement le monde, nous dit Christophe André. Pour que nos comportements soient libres et cohérents, nous devons apprendre à résister à toutes les influences inconscientes qui nous coupent de notre humanité. En pratiquant la pleine conscience, comme l'enseigne Jon Kabat-Zinn, nous apprenons à cultiver un espace d'ouverture et de liberté qui nous permet non seulement de mieux naviguer dans les moments difficiles, mais aussi de nous ouvrir à la beauté du monde. Cette présence centrée nous reconnecte à notre potentiel de guérison intérieure et à nos ressources de compassion et d'empathie, d'altruisme et de coopération.

Matthieu Ricard rappelle que nous sommes faits pour vivre ensemble, de notre naissance à notre mort. Nous avons besoin de recevoir et de donner de la tendresse. Au cœur de cette révolution des consciences se trouvent l'amour et l'altruisme.

Enfin, Pierre Rabhi attire notre attention sur la nécessaire élévation des consciences afin de chérir et de protéger cette terre qui en a tant besoin. Il nous faudra bien, dit-il, répondre à notre véritable vocation qui n'est pas de produire, de consommer sans fin, mais d'aimer, d'admirer et de prendre soin de la vie sous toutes ses formes.

Au XIVe siècle déjà, le philosophe Longchenpa[1] évoquait trois poisons qui semblent encore bien contemporains : l'avidité et la convoitise – qui entraînent les comportements de consommation

La légende des grandes cuillères

On raconte qu'un voyageur, après avoir parcouru la plupart des contrées de sa connaissance, se trouva un jour face à un embranchement inédit. Il prit la route de droite et se retrouva devant une porte qui n'avait pas de nom. S'approchant, il entendit des cris de souffrance et d'horribles gémissements. Il ouvrit la porte et entra dans une vaste pièce où tout était préparé pour un extraordinaire festin. Au centre était dressée une grande table, et sur cette table, un plat contenait des mets délicieux dont les effluves le faisaient saliver. Cependant, les convives assis autour de la table hurlaient de faim : les cuillères, deux fois plus longues que leurs bras, étaient fixées à leurs mains de telle manière qu'ils pouvaient se servir mais qu'aucun n'arrivait à porter la nourriture à sa bouche. Effrayé, le voyageur rebroussa chemin et choisit l'autre embranchement. Le lieu où il parvint semblait en tous points identiques, mais en s'approchant, il n'entendit résonner que des éclats de rire et de bonne humeur. Les convives étaient soumis au même défi, mais une seule chose avait changé : au lieu de tenter désespérément de porter la nourriture à leur bouche, ils se nourrissaient les uns les autres.

Chacun des choix que nous posons au quotidien compte et change le monde.

effrénée –, la haine – par laquelle nous répondons aux situations d'injustice avec violence –, et l'ignorance, lorsque nous nous croyons séparés des autres et du monde.

En guise d'antidote, nos quatre sages proposent d'adopter une attitude de sobriété heureuse, de cultiver la pleine conscience et de nous centrer sur l'amour et la compassion. Tout au long de ce livre, ils mettent en évidence nos capacités d'empathie et d'émerveillement et la beauté de ces liens qui nous unissent et nous dépassent.

Arrivés en fin de l'ouvrage, c'est ici que tout commence ! Dans ce monde d'une complexité croissante, nous voici renvoyés à notre responsabilité personnelle, à ce que nous pouvons, chacune et chacun, changer à notre niveau pour contribuer à l'émergence d'un monde nouveau. En se connectant à soi, grâce à la méditation par exemple, nous sommes plus à même de créer un espace d'ouverture et de liberté et de mieux nous connecter à notre potentiel de guérison intérieure, ainsi qu'à nos immenses ressources de compassion et d'empathie, d'altruisme et de coopération.

Le monde se construit par petits bouts, à travers l'action de gens comme les autres. Quelques pistes sont évoquées dans les pages qui suivent : se nourrir autrement, habiter autrement, s'informer autrement, éduquer et consommer autrement, protéger l'environnement, s'engager pour les autres et, surtout, être à l'écoute de soi et de ses émotions pour marcher en conscience dans la vie.

Chacun des choix que nous posons au quotidien compte et change le monde : c'est par ces petits ruisseaux que naissent les rivières, rivières qui nourrissent les fleuves puis deviennent océans.

« Il ne faut surtout pas minimiser
l'importance et la puissance
des petites résolutions qui, loin d'être
anodines, contribuent à construire
le monde auquel nous sommes
de plus en plus nombreux à aspirer. »

Pierre Rabhi

ANNEXE 1

DES PROJETS QUI FONT BOUGER LE MONDE

Changer le monde, cela passe par un engagement individuel en tant que citoyen actif, responsable et solidaire. Dans cet esprit, chacun de nous peut devenir porteur d'espoir. Dans tous les cas, il faudrait faire en sorte que nos actes contribuent à un changement global.

Quelles sont les initiatives auxquelles nous pouvons participer dès aujourd'hui ?

Le Mouvement Colibris

95, rue du Faubourg Saint-Antoine 75011 Paris
01 42 15 50 17
www.colibris-lemouvement.org
info@colibris-lemouvement.org

Créé en 2007 sous l'impulsion de Pierre Rabhi, Colibris est un mouvement citoyen qui compte plus de 70 000 personnes et 20 groupes locaux engagés à construire un nouveau projet de société. Ce mouvement s'articule autour de trois idées phares :

Inspirer

Pour mettre en lumière des voies d'avenir, le mouvement a cocréé une collection de livres avec Actes Sud (Domaine du Possible) et un magazine grand public (*Kaizen, changer le monde pas à pas*) avec Eko Libris, et organisé une première campagne citoyenne de sensibilisation et de mise en action.

Relier

Pour mettre en mouvement citoyens, entrepreneurs et élus, Colibris propose des animations de terrain et notamment des Forums ouverts : réunions créatives permettant à de nombreuses personnes d'échanger sur les sujets qui les passionnent et d'élaborer des actions communes pour leurs territoires.

Soutenir

Afin de faciliter l'action, Colibris propose des fiches pratiques et des formations dans tous les domaines : agriculture, énergie, habitat, éducation…

Colibris partage les valeurs de l'ensemble des initiatives inspirées par Pierre Rabhi et coopère avec toutes ces structures : Terre & Humanisme, Hameau des Buis / La ferme des enfants, Les Amanins / L'école du Colibri, Oasis en Tous Lieux, Fonds de dotation Pierre Rabhi.

Chaque organisation est autonome et développe des actions spécifiques en fonction de son champ d'expertise, avec cependant une vocation commune : encourager l'émergence et l'incarnation de nouveaux modèles de société par une politique en actes.

1. Se nourrir autrement

Que signifie se nourrir autrement ? Comment bien se nourrir aujourd'hui ?

Nous pouvons repenser notre alimentation pour changer notre façon de nous approvisionner et de nous nourrir : privilégier les circuits courts de distribution, encourager l'agriculture biologique, manger des légumes et des fruits de saison, cultiver son potager, limiter sa consommation de viande.

Terre & Humanisme PESI (Pratiques écologiques et solidarité internationale)

Mas de Beaulieu 07230 Lablachère

04 75 36 64 01

www.terre-humanisme.org

infos@terre-humanisme.org

Créée en 1994 sous le nom des Amis de Pierre Rabhi, l'association Terre & Humanisme œuvre pour la transmission de l'agroécologie comme pratique et éthique visant l'amélioration de la condition de l'être humain et de son environnement naturel. À travers des activités de formation et de sensibilisation, elle place au cœur de ses engagements la contribution active à l'autonomie, la sécurité et la salubrité alimentaires des populations, ainsi que la préservation et la régénération des patrimoines nourriciers.

Centre agroécologique Les Amanins

26400 La Roche-sur-Grâne

04 75 43 75 05

www.lesamanins.com

info@lesamanins.com

Les Amanins est un lieu de production agricole qui intègre à sa démarche une vision écologique et abrite un centre d'accueil et de partage sur des savoirs écologiques. Ce lieu pluriel d'expérimentation sur l'alimentation, la pédagogie, la construction, la gestion des déchets, le lien et la coopération entre individus est né en 2003 de la rencontre entre Michel Valentin, entrepreneur décédé au printemps 2012, et Pierre Rabhi, agriculteur et philosophe.

Monastère de Solan

30330 La Bastide-d'Engras
04 66 82 99 12
Fax : 04 66 82 99 11
www.monasteredesolan.com
Pierre Rabhi est à l'origine de l'option écologique du monastère. Il a proposé aux moniales de valoriser leurs terres dans un respect de l'environnement, de faire de Solan une sorte d'écosite expérimental d'intérêt général.

Agence française pour le développement et la promotion de l'agriculture biologique

6, rue Lavoisier 93100 Montreuil-sous-Bois
01 48 70 48 30
www.agencebio.org
www.printempsbio.com
contact@agencebio.org
L'Agence BIO est une plateforme publique et nationale

d'information et d'action pour le développement de l'agriculture biologique.

Bio Consom'Acteurs

9-11, avenue de Villars 75007 Paris
01 44 11 13 98
www.bioconsomacteurs.org

Depuis sa création en 2005, l'association agit en faveur du développement d'une agriculture biologique locale et équitable et de la consommation des produits qui en sont issus. À cet effet, elle sensibilise et informe les citoyens sur l'importance de leurs choix de consommation. Elle interpelle les élus sur la nécessité de mettre tous les moyens en œuvre pour favoriser cette agriculture. Elle encourage des échanges garantissant, du producteur au consommateur, des pratiques sociales et économiques respectueuses de l'homme et de son environnement.

Fédération nationale d'agriculture bio (FNAB)

40, rue de Malte 75011 Paris
01 43 38 38 69
www.fnab.org

Créée en 1978 afin de porter la voix des producteurs biologiques, la FNAB est à ce jour le seul réseau professionnel agricole spécialisé en agriculture biologique en France. En tant que réseau de proximité et de compétences, elle se compose d'une fédération nationale, et de groupements régionaux et départementaux répartis sur le territoire.

Intelligence Verte

41200 Millançay
02 54 95 45 04
www.intelligenceverte.org
info@intelligenceverte.org
L'association a été fondée en mars 1999, par Philippe Desbrosses et Jean-Yves Fromonot. Le but d'Intelligence Verte est de rassembler et de donner des outils à celles et ceux qui souhaitent participer à la sauvegarde des espèces oubliées et apprendre comment la nature nous aide à améliorer notre vie privée et professionnelle.

Ferme de Sainte Marthe

BP70404 49004 Angers Cedex 01
08 91 70 08 99
www.fermedesaintemarthe.com
La Ferme de Sainte Marthe cultive et distribue depuis plus de vingt-cinq ans des semences florales et potagères, des jeunes plants de légumes, des arbres

et arbustes fruitiers, ainsi que de nombreux autres végétaux et produits naturels, dont une grande majorité issue de l'agriculture biologique. Installée en Anjou, elle soutient et travaille à la préservation des variétés anciennes de semences florales et potagères.

Collectif ACAP

32, rue de Paradis 75010 Paris
01 45 79 07 59
www.collectif-acap.fr
mdrgf.coordi@wanadoo.fr

L'ACAP – Action citoyenne pour les alternatives aux pesticides – est un collectif d'associations lancé en octobre 2004, à l'initiative du MDRGF (mouvement pour les droits et le respect des générations futures). Il compte aujourd'hui 170 organisations, ce qui représente plus de 300 associations réparties partout en France. Ce collectif a pour objet d'informer nos concitoyens des dangers sanitaires liés à la pollution de l'eau, du sol, de l'air, des aliments, de nos corps par les pesticides. L'ACAP propose aussi des alternatives agronomiques permettant d'obtenir des aliments sains sans utiliser de produits chimiques toxiques. L'ACAP s'est constituée dans le but d'inciter les pouvoirs publics à réduire l'utilisation intensive des pesticides en France et de proposer une véritable politique en faveur d'alternatives comme la production intégrée et l'agriculture biologique.

Kokopelli

Pist Oasis
131, impasse des Palmiers 30319 Alès Cedex
04 66 30 64 91
www.kokopelli-semences.fr
semences@kokopelli-semences.fr

Terre potagère - Semences de Kokopelli
rue Fontena, 1 B-5374 Maffe (Havelange)
Belgique
kokopelli.be@kokopelli-semences.fr
+32 86 32 31 72

Kokopelli est une association qui œuvre pour la protection de la biodiversité alimentaire, en rassemblant toutes celles et ceux qui souhaitent préserver le droit de semer librement des semences potagères et céréalières, des variétés anciennes ou modernes, libres de droits et reproductibles. Elle propose également des séminaires sur les semences, les plantes médicinales, l'agroécologie...

Réseau Cocagne

21, rue du Val-de-Grâce 75005 Paris
01 43 26 37 84
www.reseaucocagne.asso.fr
rc@reseaucocagne.asso.fr

Les Jardins de Cocagne sont des jardins maraîchers biologiques à vocation d'insertion sociale et professionnelle. À travers la production et la distribution de légumes biologiques, sous forme de paniers hebdomadaires, à des adhérents-consommateurs, ces Jardins permettent à des adultes en difficulté de retrouver un emploi et de (re)construire un projet personnel.

Guérilla gardening France

www.guerilla-gardening-france.fr
gabeguerillagardening@gmail.com

Mouvement écolo-militant dont l'objectif est de réintroduire la nature en ville, de favoriser l'agriculture urbaine, d'inciter la réappropriation des quartiers par la population, de questionner sur des sujets de société, de favoriser l'apprentissage à l'environnement et l'embellissement de l'espace urbain pour une meilleure qualité de vie.

Annuaire national des AMAP

www.reseau-amap.org

Les AMAP, associations pour le maintien d'une agriculture paysanne, ont été créées pour permettre de relocaliser la production alimentaire, mais aussi échapper à l'agriculture conventionnelle. Cet annuaire recense toutes les initiatives.

Miramap

58, rue Raulin 69007 Lyon

04 81 91 60 51

www.miramap.org

Miramap est un mouvement rassemblant les réseaux territoriaux des AMAP (voir ci-dessus), les AMAP, leurs producteurs et leurs consommateurs autour de valeurs communes. Ce mouvement réunit producteurs, consom'acteurs et partenaires du monde agricole et de l'économie solidaire. Ensemble, ils œuvrent pour un partenariat équitable fondé sur la confiance, la transparence et la solidarité financière, pour une agriculture paysanne, socialement équitable et écologiquement saine et pour une consommation responsable.

Les Incroyables comestibles

03 88 47 66 54

www.incredible-edible.info

francois@incredible-edible.info

Initiative citoyenne apolitique et non-marchande reposant sur l'implication de volontaires mobilisés pour vivre des expériences de partage et de coopération dans un esprit convivial, en lien avec une nouvelle forme de jardinage participatif.

Disco Soupe

www.discosoupe.org

discosoupe@gmail.com

Version française des Schnippel Disko allemandes, les Disco Soupes sont des sessions collectives ouvertes à tous d'épluchage de fruits et légumes rebuts ou invendus dans une ambiance musicale et festive afin de confectionner des soupes, salades, jus de fruits, qui sont ensuite redistribués à tous gratuitement ou à prix libre. Notre slogan : « La convivialité contre le gâchis, la gratuité du recyclage et le plaisir du disco. »

2. Habiter autrement

En 2050, 70 % de la population mondiale sera citadine. De ce mode de vie urbain découlent trois grands problèmes : la pollution puisque les villes sont responsables de 80 % des émissions de CO_2 et consomment à elles seules 75 % de l'énergie mondiale, l'espace et la question du vivre ensemble. Face à ces défis, de plus en plus de citoyens repensent leurs manières d'habiter : habitats groupés, habitats kangourous, écoquartiers, coopératives d'habitants. L'habitat participatif se développe à grande vitesse en France et à l'étranger.

Le Hameau des Buis

Société civile Le Hameau des Buis
Chaulet - Casteljau F07230 Lablachère
04 75 35 09 97
hdb@la-ferme-des-enfants.com

Le Hameau des Buis est un lieu de vie et d'accueil animé par une cinquantaine d'habitants de 3 à 82 ans. Une vingtaine de logements écologiques et bioclimatiques sont construites autour d'une école, d'une ferme, d'un verger, de serres et de potagers.

Habicoop

c/o Locaux Motiv
10 bis, rue Jangot 69007 Lyon
09 72 29 36 77
www.habicoop.fr
info@habicoop.fr

Le projet d'Habicoop est d'accompagner la création et le développement des coopératives d'habitants. Créer un habitat groupé sous forme de coopérative, cela ne s'improvise pas. L'association réunit donc une série de partenaires et les outils qui faciliteront les démarches de porteurs de projets coopératifs.

Réseau des écovillages européens

Sieben Linden 1
38489 Beetzendorf
Allemagne
www.gen-europe.org
info@gen-europe.org

Le réseau des écovillages européens récolte et transmet des informations sur des communautés ouvertes qui, à travers toute l'Europe, promeuvent un mode de vie écologique et solidaire. Ces villages, qui ont à cœur de défendre des valeurs de partage, de respect, et de renouer avec le sens profond de la vie, sont autant de pistes vers des solutions de développement durable.

Transition Network

43 Fore Street
Totnes
TQ9 5HN Royaume-Uni
www.transitionnetwork.org

Le mouvement Transition est né en 2006 en Grande-Bretagne, sous l'impulsion de Rob Hopkins. On compte aujourd'hui des centaines d'Initiatives de Transition dans une vingtaine de pays réunies dans le réseau de Transition (Transition Network). Ces Initiatives constituent une nouvelle approche évolutive de la durabilité à l'échelon de la communauté. Elles sont des « microcosmes d'espoir évolutifs » et œuvrent pour le passage « de la dépendance au pétrole à la résilience locale ». En agissant dès maintenant pour réduire la consommation d'énergies fossiles, reconstruire une économie locale vigoureuse et retrouver un bon degré de résilience, ils inventent l'avenir.

3. S'informer autrement

Kaizen Magazine

Édition Eko Libris
95, rue du faubourg Saint-Antoine 75011 Paris
www.kaizen-magazine.com

Kaizen est un magazine porté notamment par le Mouvement Colibris. Il est destiné à faire découvrir les hommes, les femmes, les initiatives qui construisent un XXIe siècle différent.

Troc de presse

www.trocdepresse.com

Troc de presse est un site participatif, entièrement gratuit, qui vous permet de donner, échanger et profiter des lectures presse de votre réseau de proximité (vos voisins), ou de découvrir des parutions que vous n'avez pas l'habitude d'acheter. Troc de presse est écologique, économique, malin et créateur de lien dans votre voisinage. Le fonctionnement est très simple : vos voisins et vous-même échangez vos lectures via votre boîte aux lettres.

XXI

Rollin publications
27, rue Jacob 75006 Paris
01 42 17 47 80
www.revue21.fr

XXI est une revue française de journalisme de récit, créée en janvier 2008. Vierge de toute publicité, elle propose des reportages sous forme de textes, de dessins, de photos ou de bandes dessinées.

Reporterre

www.reporterre.net
planete@reporterre.net

En 1989, *Reporterre* avait été le premier magazine sur l'écologie à paraître depuis *La Gueule Ouverte* et *Le Sauvage*, dans les années 1970. Sa parution témoignait du réveil de l'écologie en France. En 2006, son équipe a relancé *Reporterre* sur Internet, afin d'informer sur les liens entre la crise écologique, les injustices sociales et les menaces sur les libertés.

4. Éduquer

Les enjeux éthiques de l'éducation en font une thématique fondamentale pour la transformation de la société. Il semble urgent de revoir notre vision de l'éducation et de développer le respect dû à l'enfant, tout en lui permettant d'acquérir des valeurs essentielles pour son épanouissement sur terre et parmi les êtres vivants.

La ferme des enfants

Hameau des Buis
Chaulet-Casteljau F07230 Lablachère
04 75 35 09 97
www.la-ferme-des-enfants.com

ecole@la-ferme-des-enfants.com
Fondée sur une éducation à l'autonomie et à la bienveillance, cette école dans l'écovillage du hameau des Buis, en Ardèche, s'inspire de la pédagogie Montessori.

L'école du Colibri aux Amanins

Les Amanins 26400 La Roche-sur-Grâne
04 75 43 75 05
www.lesamanins.com
info@lesamanins.com
Comme la précédente, cette école s'inspire de la vision de Pierre Rabhi. Au lieu de poser la question « Quelle planète allons-nous laisser à nos enfants ? », il se demande : « Quels enfants laisserons-nous à la planète ? » En plus du cursus scolaire classique, les enfants découvrent le jardinage, l'élevage, les énergies nouvelles, le recyclage, etc.

La Living School

6, rue Georges-Auric 75019 Paris
01 42 00 72 24
www.livingschool.fr
info@livingschool.fr
Située à Paris, cette école axe l'éducation sur le savoir-être, l'écocitoyenneté et la coéducation.

Le Printemps de l'éducation

www.printemps-education.org
contact@printemps-education.org

Ce mouvement est né de rencontres entre des enseignants, des éducateurs, des parents, mais aussi des enfants, des représentants d'associations, de collectivités, d'entreprises partageant un même constat, une même envie, une même vision de l'éducation de l'enfant. Il veut promouvoir les approches globales et transdisciplinaires et se donne pour objectif de relier tous ceux qui veulent partager leurs idées, transmettre leurs expériences pour un « renouveau » éducatif.

Graine d'école

248, route de Pinloup 69440 Chaussan
04 78 44 91 66
www.grainedecole.com
grainedecole@sfr.fr

Cette association organise en France des stages, formations et conférences où l'on propose aux adultes (parents et enseignants) d'apprendre à « accompagner l'enfant d'aujourd'hui pour qu'il devienne l'adulte épanoui et responsable de demain ».

Écoles du monde

156, rue du Château 75014 Paris
01 43 22 12 16
www.ecolesdumonde.com
bureau@ecolesdumonde.org

Un projet d'étude qui « a pour vocation de faire un état des lieux des différents systèmes éducatifs à travers le monde et de leur implication dans l'épanouissement de l'enfant ».

Apprendre la pleine conscience aux enfants

www.mindfulschools.org
www.mindfulnessinschools.org
www.academyformindfulteaching.fr

Actuellement, de plus en plus de programmes sont lancés dans les écoles, aux États-Unis mais aussi en Europe, pour apprendre aux enfants à porter leur attention.

5. Consommer autrement / Changer notre rapport à l'argent

Éthique sur l'étiquette

4, boulevard de la Villette 75019 Paris
01 42 03 82 25
www.ethique-sur-etiquette.org
info@ethique-sur-etiquette.org

Créé en 1995, le collectif Éthique sur l'étiquette regroupe des associations de solidarité internationale, des syndicats, des mouvements de consommateurs et des associations d'éducation populaire. Il agit en faveur du respect des droits humains au travail dans le monde et de la reconnaissance du droit à l'information des consommateurs sur la qualité sociale de leurs achats.

achACT – Actions Consommateurs Travailleurs

Place de l'Université, 16
1348 Louvain-la-Neuve
Belgique
+32 10 45 75 27
www.achact.be
achacteurs@achact.be

Actions Consommateurs Travailleurs veut contribuer à améliorer les conditions de travail dans des secteurs où les femmes constituent la majorité de la main-d'œuvre et à promouvoir un changement dans nos comportements d'achat. Consommateurs et travailleurs peuvent mener des actions qui se renforcent mutuellement, et pousser ainsi entreprises et pouvoirs publics à respecter et faire respecter les droits des travailleurs dans une économie mondialisée.

SEL'IDAIRE

BP 60034 80081 Amiens Cedex 2

www.selidaire.org

SEL'idaire est née de la volonté de :

- promouvoir en France la diffusion des informations sur les SEL (systèmes d'échange locaux) ;
- favoriser leur création et leur développement ;
- faciliter la communication entre eux.

SEL'idaire existe pour accomplir des tâches et rendre des services utiles aux SEL et, par extension, aux personnes désireuses d'en créer un. Le site propose un annuaire des SEL en France et une carte de France des SEL, un bulletin mensuel, un agenda et un guide *SEL Mode d'Emploi*. SEL'idaire participe à des manifestations dans le domaine de l'économie solidaire, à la création de nouveaux SEL et à l'organisation des Rencontres annuelles Intersel.

donnons.org

33, route de Mulhouse 68720 Tagolsheim

08 25 59 54 95

www.donnons.org

contact@donnons.org

donnons.org est une initiative de développement durable, de réduction des déchets par le recyclage ainsi qu'une alternative à la perte du pouvoir d'achat. C'est un site de dons et de récupération d'objets en ligne. Le site fonctionne pour la France, la Suisse, la Belgique et le Canada.

Les Petits Riens

Rue Américaine 101, 1050 Bruxelles

Belgique

+32 25 37 30 26

www.petitsriens.be

info@petitsriens.be

Les Petits Riens sont devenus une véritable entreprise d'économie sociale. Tous les objets qu'ils collectent sont soit redistribués, soit revendus. Les bénéfices dégagés permettent de financer leurs actions sociales et ainsi de lutter contre l'exclusion et la pauvreté.

Emmaüs

Depuis 1949 le mouvement Emmaüs, aujourd'hui présent dans 36 pays et comptant 306 groupes à travers le monde, n'a de cesse de lutter contre la pauvreté et l'exclusion. Le mouvement trouve sa motivation dans les mots simples de l'Abbé Pierre : « Je ne peux pas t'aider, je n'ai rien à te donner. Mais toi, tu peux m'aider à aider les autres. »

Les Marchés Gratuits

www.greenetvert.fr/2012/06/01/les-marches-gratuits

Imaginez un marché où les vêtements, les meubles, les outils et les bijoux seraient en libre service. L'idée est née à Buenos Aires dans l'esprit d'un jeune Argentin refusant la surconsommation et désireux de faire profiter les autres de ce qui lui était devenu superflu. Depuis 2010, ce concept traverse les frontières et gagne de nombreux pays. Gageons qu'il se structure à l'avenir.

Troc Alimentaire

www.trocalimentaire.com

Portail Internet qui permet de trouver son bonheur parmi un large choix de petites annonces : troc de fruits, de poissons, de semences et plants, etc.

Le Changement par la consommation

Le Changement par la consommation sur Facebook

Comment croire en une consommation illimitée dans un monde de ressources naturelles limitées ? Cette page n'est pas moralisatrice, elle vise à diffuser des solutions, en s'appuyant sur le constat, la remise en question.

6. S'ENGAGER COMME BÉNÉVOLE DANS UNE ASSOCIATION, UNE ONG

Espace bénévolat

130, rue des Poissonniers 75018 Paris

01 42 64 97 34

www.espacebenevolat.org

En France, on compte environ dix millions de bénévoles et plus de 800 000 associations qui agissent dans les domaines de l'accueil des sans-abri, l'accompagnement scolaire, l'alphabétisation, les visites aux personnes âgées, la distribution de repas, l'écoute, etc. Espace Bénévolat a pour but de favoriser la mise en relation entre les candidats bénévoles et lesassociations qui recherchent des personnes compétentes.

Plateforme (belge) francophone du volontariat

Place l'Ilon 13, 5000 Namur

Belgique

+32 81 31 35 50

www.levolontariat.be

info@levolontariat.be

Association à but non lucratif qui a pour objet social la défense des intérêts des volontaires et la promotion du volontariat en Belgique francophone.

7. Protéger / sauvegarder l'environnement

Let's do it France

www.letsdoitfrance.org

Les Mains Vertes - Let's do it France existe depuis 2008. Depuis peu, elle est devenue la branche française d'une ONG internationale qui se nomme Let's do it et fait donc partie d'un réseau présent dans une centaine de pays. Elle se veut « un catalyseur, un rassembleur des bonnes volontés pour mener des actions locales et nationales de sensibilisation et de nettoyage des déchets ».

Agence de l’environnement et de la maîtrise de l’énergie

20, avenue du Grésillé BP 90406
49004 Angers Cedex 01
02 41 20 41 20
www.ecocitoyens.ademe.fr

Pour vous aider à rendre votre quotidien plus écologique, l’Agence de l’environnement et de la maîtrise de l’énergie propose de nombreuses explications et conseils en ligne. Une série de guides pratiques est également à votre disposition.

8. Travailler autrement

Coop de France

43, rue Sedaine 75011 Paris
01 44 17 57 00
www.coopdefrance.coop

Coop de France est depuis 1966 l’organisation professionnelle unitaire de la coopération agricole, porte-voix politique des entreprises coopératives auprès des pouvoirs publics français et européens, des médias et de la société civile.

Responsabilité sociale des entreprises

www.orse.org

Né dans les années 1960 sous l'impulsion des associations écologiques et humanitaires, le concept de RSE a pour but de montrer les liens qui unissent préoccupations sociales, environnementales et économiques dans la vie des entreprises, des institutions et des associations.

Économie solidaire

www.le-mes.org

Le mouvement pour une économie solidaire plaide pour une refonte de l'économie au service d'un projet de société fondé sur des valeurs de solidarité, de partage et de réciprocité.

9. S'initier à la méditation de pleine conscience

Association pour le développement de la Mindfulness (ADM)

136, rue de Crimée 75019 Paris

www.association-mindfulness.org

Cette association est née en 2009 dans le but de promouvoir et de diffuser auprès du grand public les actions autour de l'utilisation de la pleine conscience comme outil de mieux-être, en dehors de tout contexte religieux.

Émergences

www.emergences.org
L'association Émergences organise des cours de méditation de pleine conscience en Belgique et sert de centre de ressources.

ANNEXE 2

L'ASSOCIATION ÉMERGENCES

L'ensemble des droits d'auteur de cet ouvrage sera versé aux projets soutenus par l'association Émergences. Cette association est construite autour de l'organisation d'un événement annuel à Bruxelles, qui répond à trois envies : faire dialoguer des sages de notre temps (philosophes, psychologues, scientifiques, etc.) sur des thèmes choisis, partager des notions qui nous passionnent avec le plus grand nombre et être acteurs de changement : d'une part, en partageant de belles idées avec des parents, des enseignants, des praticiens de la relation d'aide, des citoyens du monde et, d'autre part, en consacrant tous les bénéfices des activités à des projets d'amélioration des conditions de vie (accès aux soins et à l'éducation) de populations démunies tant en Belgique qu'à l'étranger. Depuis quelques années, Émergences organise d'autres activités, notamment des cycles de méditation par la pleine conscience.

Liste des événements annuels organisés par Émergences

2009

Journée interdisciplinaire sur la pleine conscience. Avec Pierre Philippot, Thierry Janssen, Matthieu Ricard et Christophe André.

2010

Journée interdisciplinaire sur la psychologie positive. Avec Christophe André, Isabelle Filliozat, Thomas d'Ansembourg, Jacques Lecomte et Matthieu Ricard.

Journée interdisciplinaire sur la pleine conscience. Avec Guido Bondolfi, Thierry Janssen, Matthieu Ricard et Christophe André.

2011

Journée interdisciplinaire « Prendre soin de soi, prendre soin des autres ».
Avec Tania Singer, Rosette Poletti, Lytta Basset, Frans de Waal, Matthieu Ricard et Christophe André.

2012

Événement interdisciplinaire « Se changer soi, changer le monde ».

Avec Jon Kabat-Zinn, Matthieu Ricard, Christophe André, Pierre Rabhi et Edel Maex.

2013

Événement interdisciplinaire « Bonheur et adversité : la joie à l'épreuve de la vie ».
Avec Matthieu Ricard, Christophe André, Anne-Dauphine Julliand, Magda Hollander-Lafon, Michel Lacroix, Patrice Gourrier, Edel Maex et Thierry Janssen.

Les projets soutenus par Émergences

L'association Émergences soutient de manière récurrente les projets de trois associations :

KARUNA-SHECHEN

www.karuna-shechen.org

Cette association à but non lucratif, créée par Matthieu Ricard en 2000, travaille avec un réseau de partenaires et de bénévoles locaux pour fournir des services éducatifs, des soins de santé et des services sociaux aux populations défavorisées en Inde, au Népal et au Tibet. Ancrée dans l'idéal de la compassion (c'est le sens du mot tibétain « karuna ») en action, fondée sur la conviction que l'accès à l'éducation ou aux soins de santé ne devrait être refusé à personne, Karuna-Shechen développe des programmes en réponse aux besoins et aspirations spécifiques des communautés, dans le respect de leurs héritages culturels. L'association accorde une attention particulière à l'éducation et à l'autonomie des femmes et des jeunes filles. Depuis sa création, Karuna-Shechen a mis en œuvre plus de 110 projets humanitaires en Inde, au Népal et au Tibet. Quinze ans d'expérience ont permis d'établir un réseau de collaborateurs sérieux recrutés et formés sur place et de bénévoles étrangers qualifiés.

Birat Lama, un élève de l'école en bambou de Pokhara, au Népal, raconte son histoire :

> *Je suis né à Pokhara, au Népal. Nous sommes cinq dans ma famille et on est très pauvres. Mon père a été sérieusement blessé lors d'un accident de travail et il est maintenant handicapé. Il a continué à travailler après l'accident, mais l'argent qu'il gagnait n'était pas suffisant pour payer notre scolarité. Notre famille a passé une période très difficile. Quelqu'un m'a demandé un jour quels étaient mes rêves, je suis resté silencieux ; mes rêves ont été emportés par la pauvreté. Un jour, nous avons appris qu'une nouvelle école, avec des*

frais de scolarité accessibles pour ma famille, était en train d'être construite dans notre ville. Ce fut une nouvelle extraordinaire. Mes frères, mes sœurs et moi nous sommes inscrits à l'école et tout a changé pour moi. Maintenant, je rêve de nouveau. J'aimerais être un réformateur social pour améliorer le secteur de l'éducation.

Le Samusocial de Bruxelles
www.samusocial.be

Le Samusocial est un dispositif d'urgence sociale qui offre une aide aux personnes sans-abri de Bruxelles. Outre un hébergement d'urgence, le dispositif comprend des équipes mobiles d'aide qui se portent à la rencontre de ceux qui ne sont plus en situation de demander de l'aide. Le Samusocial est à l'urgence sociale ce qu'est le Samu médical aux urgences médicales. Il s'agit d'abriter et de soulager les sans-abri, mais aussi d'aller vers les personnes dans le besoin par l'action d'équipes mobiles, de soigner grâce aux médecins et infirmiers, de repérer et d'identifier la demande auprès des plus fragiles et de mettre en place un accompagnement psychosocial pour ceux qui le souhaitent, afin de les orienter vers des solutions pour sortir de la rue. Tous les services du Samusocial sont gratuits et inconditionnels.

Les maraudes (équipes mobiles du Samusocial) ont pour mission d'aider la personne à se reconstruire et à recréer des ponts entre elle et le monde.

En 2012, 7309 personnes ont pu bénéficier de plus de 127379 hébergements et de 254500 repas offerts, 7017 rencontres ont été coordonnées par les équipes mobiles, 1051 orientations durables assurées par le service psychosocial.

Philomène, mère de quatre enfants, était victime de violences conjugales extrêmes de la part de son mari. La police a dû intervenir et, pour des raisons de sécurité, a orienté la famille vers le centre d'hébergement d'urgence du Samusocial. Les assistants sociaux ont trouvé un avocat pour Philomène afin d'entamer les mesures provisoires de séparation et de garde des enfants. Une procédure d'aide sociale d'urgence a également été ouverte auprès du CPAS (centre public d'aide sociale) de Bruxelles. Enfin, une crèche a été trouvée pour la plus jeune fille ainsi qu'une école pour les trois autres, afin d'éviter tout lien avec la famille du conjoint violent. Après un mois au Samusocial, Philomène a pu emménager dans un appartement mis à disposition par la régie du CPAS. Aujourd'hui, Philomène travaille comme femme de ménage dans un hôpital public. Une nouvelle vie commence pour elle et ses enfants…

Les Enfants de la rue - Brésil

Présente depuis vingt ans à travers des projets dans le Nordeste brésilien, l'association Les Enfants de la rue - Brésil a pour ambition de redonner espoir à quelques-uns des enfants et adolescents des favelas de Recife et d'Olinda. Éviter qu'ils ne deviennent des enfants des rues, éviter qu'ils ne fassent la funeste rencontre avec le crack ou qu'ils ne tombent sous les balles des escadrons de la mort et surtout, leur donner la possibilité de réintégrer la société civile en devenant des citoyens militants et critiques pour que le Brésil redevienne ce qu'il n'aurait jamais dû cesser d'être... une incroyable terre d'espoir pour tous. Ce pari insensé est possible grâce à des partenaires brésiliens de qualité qui permettent à ces enfants de développer une conscience sociale dans le cadre de petites communautés où ils ont la possibilité de retrouver leur dignité et de devenir des citoyens responsables.

Diego a 9 ans, mais il est interdit d'école : il a blessé son institutrice au bras avec des ciseaux. Celle-ci l'avait simplement touché mais pour cet enfant qui n'avait encore jamais reçu aucune marque d'affection, tout contact était ressenti comme une agression. Aujourd'hui,

Diego accepte les marques d'affection et se montre chaleureux. Il nous reste à convaincre l'institutrice de le reprendre…

Le Fonds de dotation Pierre Rabhi

Créé en avril 2013, le Fonds de dotation Pierre Rabhi a pour objectif de propager les idées développées par Pierre Rabhi, notamment en aidant au développement des pratiques agroécologiques, à la formation aux techniques permettant l'autonomie, la salubrité et la sécurité alimentaires, mais également en soutenant la création des Oasis en Tous Lieux pour faciliter l'émergence de lieux de vie écologiques, pédagogiques, solidaires et intergénérationnels, s'inscrivant ainsi dans une démarche de changement de paradigme global qui replace l'humain et la nature au cœur de nos préoccupations. Divers projets initiés par Pierre Rabhi sont en cours de développement : le réseau des Femmes Semencières, les Agroécologistes sans frontières et un centre de formation à l'agroécologie au Maroc.

LES AUTEURS

CHRISTOPHE ANDRÉ

« *Christophe André est un médecin humaniste, un psychiatre qui aime ses patients, et ce n'est pas si fréquent. Il tient à leur faire du bien davantage qu'à briller ou qu'à confirmer tel ou tel point de sa doctrine.* » **André Comte-Sponville**

Toulousain acclimaté à Paris, Christophe André est marié et père de trois filles. Il exerce en tant médecin psychiatre et psychothérapeute à l'hôpital Sainte-Anne, où il dirige une unité spécialisée dans le traitement des troubles anxieux et phobiques. Il y anime des groupes de méditation de pleine conscience dans le cadre de la prévention des rechutes dépressives. Il enseigne également à l'université Paris-X. Il a écrit de nombreux articles et ouvrages scientifiques, ainsi que des livres à destination du grand public.

Petite bibliographie guidée

- *Les États d'âme : un apprentissage de la sérénité*, Odile Jacob, 2009

Un livre généreux, l'un des plus personnels de Christophe André, dans lequel il partage ses questionnements et ses idées pour mieux vivre avec nos états d'âme. Accompagné par la sagesse des poètes et de nombreuses recherches scientifiques rendues accessibles.

• ***Imparfaits, libres et heureux : pratiques de l'estime de soi*, Odile Jacob, 2006**
Christophe André mêle ici anecdotes, études de cas et réflexions pour nous aider à nous accepter et à nous aimer, libérés du regard des autres.

• *Méditer, jour après jour : 25 leçons pour vivre en pleine conscience* (avec un CD MP3), **Éditions L'Iconoclaste, 2011**
Un régal pour les yeux, l'âme et le cœur. En vingt-cinq tableaux, Christophe illustre de manière poétique, simple et pratique sa compréhension et son expérience de la méditation de pleine conscience : respirer, habiter son corps, s'accepter, aimer...

JON KABAT-ZINN

« Jon Kabat-Zinn rayonne comme un guide plein de sagesse, d'humilité et de simplicité heureuse vers tout ce qu'il y a de meilleur en nous. » **DANIEL GOLEMAN**

Mondialement connu pour ses travaux scientifiques et ses livres, Jon Kabat-Zinn est un visionnaire et un pionnier. Docteur en biologie moléculaire et professeur émérite de médecine à l'université du Massachusetts, il a fondé la clinique de réduction du stress et le centre pour la pleine conscience en médecine, où il a développé la MBSR. Depuis trente ans, son engagement a permis de diffuser la méditation de pleine conscience à travers le monde, tant dans le domaine médical que dans les entreprises, les écoles ou les prisons.

PETITE BIBLIOGRAPHIE GUIDÉE

• ***Où tu vas, tu es*, JC Lattès, 1995 ; J'ai Lu, 2009**

Un livre poétique et profond dans lequel Jon Kabat-Zinn propose de s'engager sur le chemin de la pleine conscience au travers de petites méditations, de témoignages et d'exercices à appliquer au quotidien.

• *Au cœur de la tourmente, la pleine conscience,* préface de Christophe André, **De Boeck, 2009**
Cet ouvrage pionnier expose la MBSR, ce programme en huit semaines de réduction du stress par la pleine conscience. Richement documenté, il explique de façon concrète comment utiliser cette méthode scientifiquement validée pour améliorer notre quotidien.

• *À chaque jour ses prodiges : être parent en pleine conscience,* préface de Christophe André, **Les Arènes, 2012**
Avec sagesse, humilité et pragmatisme, Jon Kabat-Zinn et son épouse Myla s'appuient sur leur expérience de parents pour nous guider dans l'application de la pleine conscience à la vie de famille et à l'éducation. Une très belle initiation à la parentalité en pleine conscience.

PIERRE RABHI

« De ses propres mains, Pierre Rabhi a transmis la Vie au sable du désert... Cet homme très simplement saint, d'un esprit net et clair, dont la beauté poétique du langage révèle une ardente passion, a fécondé des terres poussiéreuses avec sa sueur, par un travail qui rétablit la chaîne de vie que nous interrompons continuellement. » **Yehudi Menuhin**

Agriculteur, écrivain et penseur français d'origine algérienne, Pierre Rabhi est, depuis l'enfance, révolté par l'état du monde. Cette indignation constructive, devenue une force, l'a incité à démontrer que d'autres comportements et d'autres choix étaient possibles.

Pionnier de l'agriculture biologique, il défend un mode de société plus respectueux des hommes et de la Terre et soutient le développement de pratiques agricoles accessibles à tous, et notamment aux plus démunis, tout en préservant les patrimoines nourriciers. Expert reconnu en matière de sécurité alimentaire, il a participé à l'élaboration de la convention des Nations unies pour la lutte contre la désertification.

• *Vers la sobriété heureuse*, **Actes Sud, 2010 ; Poche/Babel, 2013**

Dans ce livre témoignage, Pierre Rabhi partage son expérience de vie et, ce faisant, nous incite à réfléchir à nos besoins dans cette société de consommation et d'exploitation. Un livre qui donne envie d'agir.

• *Manifeste pour la Terre et l'humanisme : pour une insurrection des consciences*, préface de Nicolas Hulot, **Actes Sud, 2008 ; Poche/Babel, 2011**

Ce manifeste synthétise quarante-cinq ans de réflexion et d'engagement au service d'une humanité consciente et réconciliée avec la nature. Pierre Rabhi y appelle à une insurrection des consciences afin de transformer le monde.

• *Pierre Rabhi, le chant de la Terre*, **La Table Ronde, 2012**

Pour une première rencontre avec Pierre Rabhi, cet ouvrage des reporters Jean-Pierre et Rachel Cartier, récemment mis à jour par Anne-Sophie Novel, est idéal. Les auteurs décryptent et mettent en perspective la vie et la pensée de cet homme au parcours étonnant en laissant beaucoup de place à ses réflexions.

• *Pierre Rabhi, les clés du paradigme,*
documentaire de Juan Massenya, 2013

Magnifique documentaire sur Pierre Rabhi. En confiance, il se rappelle son enfance, revient sur sa décision de quitter le monde industriel pour l'univers rural de l'Ardèche et explique ce nouveau paradigme qui envisage une société plus généreuse pour l'homme et la Terre.

MATTHIEU RICARD

« La vie spirituelle de Matthieu et son appareil de photo ne font qu'un, de là surgissent ces images fugitives et éternelles. » **Henri Cartier-Bresson**

C'est en 1967 que Matthieu Ricard voyage en Inde pour la première fois et rencontre des maîtres spirituels inspirants tel Kangyour Rinpoché. Après avoir achevé sa thèse en génétique cellulaire à l'Institut Pasteur, sous la direction du Prix Nobel François Jacob, il décide de s'établir dans l'Himalaya. Il étudie le bouddhisme et photographie la vie dans les monastères ainsi que l'art et les paysages du Tibet, du Bhoutan et du Népal. Ordonné moine en 1978, il est, depuis 1989, l'interprète français du dalaï-lama. Il est très impliqué dans les recherches de l'Institut Mind & Life (voir p. 92) et a fondé l'association humanitaire Karuna-Shechen (voir p. 238). Il vit au monastère de Shechen, au Népal.

Petite bibliographie guidée

• *Plaidoyer pour le bonheur*,
NiL Éditions, 2003 ; Pocket, 2004

Dans cet ouvrage très accessible, situé au carrefour de la psychologie scientifique occidentale et de la philosophie bouddhiste, Matthieu Ricard définit ce qu'est le bonheur et nous encourage à l'inviter dans nos vies.

- ***L'Art de la méditation*, NiL Éditions, 2008 ; Pocket, 2010**

Un compagnon de route pour passer de la théorie à la pratique en matière d'entraînement de l'esprit. Matthieu Ricard y développe le caractère universel de la méditation et les bienfaits que cette pratique plusieurs fois millénaire peut apporter à chacun d'entre nous.

- ***Le Moine et le Philosophe : le bouddhisme aujourd'hui*, NiL Éditions, 1997 ; Pocket, 1999**

Un débat passionnant entre Matthieu Ricard et son père, le philosophe Jean-François Revel, dans lequel ils confrontent leurs croyances, leur vision de la vie et abordent, sur plusieurs thèmes, la différence entre philosophies orientale et occidentale.

CAROLINE LESIRE & ILIOS KOTSOU

C'est dans la rue que leurs chemins se sont croisés un matin de juillet. De cette rencontre et de leurs passions partagées est née l'association Émergences.

Engagée depuis plusieurs années dans le mouvement associatif, Caroline Lesire est diplômée en sciences politiques et en aide humanitaire internationale. Elle coordonne des projets d'accès aux soins de santé dans plusieurs pays d'Afrique francophone. Elle préside l'association Émergences et en supervise l'ensemble des activités.

Passionné par l'humain et par la richesse que donnent à nos vies les émotions, Ilios Kotsou a longtemps travaillé comme formateur dans le domaine du management. Chercheur pendant quatre ans à la faculté de psychologie de l'UCL, formé à l'approche de Palo Alto et à la Mindfulness (MBSR et MBCT), il est l'auteur de plusieurs ouvrages sur les émotions et la psychologie positive.

Petite bibliographie guidée

• ***Psychologie positive, le bonheur dans tous ses états***, avec Christophe André, Thomas d'Ansembourg, Isabelle Filliozat, Éric Lambin,

Jacques Lecomte et Matthieu Ricard,
Jouvence, 2011
Ce livre collectif, coordonné par Caroline Lesire et Ilios Kotsou, propose un tour d'horizon des connaissances actuelles en matière de bonheur, des origines de la psychologie positive à certains aspects plus spirituels. Dans un style simple et direct, chaque chapitre présente des exercices pratiques et des propositions concrètes.

• ***Petit cahier d'exercices d'intelligence émotionnelle***, avec Jean Augagneur,
Jouvence, 2012
Dans ce petit cahier à visée pratique, des exercices, questionnaires et autres tests incitent à s'interroger sur notre façon d'accueillir et de gérer nos émotions. Un livre utile pour nous aider à mieux vivre avec nos émotions et celles des autres.

• ***Petit cahier d'exercices de pleine conscience***,
Jouvence, 2012
Ilios Kotsou propose, dans la même veine que le cahier précédent, des exercices pour découvrir et se familiariser avec la méditation de pleine conscience. Étape par étape, on y apprend à porter un regard neuf sur la vie pour l'apprécier dans toute sa richesse.

« Le secret du changement, c'est de concentrer toute son énergie non pas à lutter contre le passé, mais à construire l'avenir. » Socrate

NOTES

CHAPITRE 1
RÉPONDRE AU MAL-ÊTRE CONTEMPORAIN

1 Hillesum E., *Une vie bouleversée – Journal (1941-1943)*, Paris, Seuil, 1995.

2 « Il était une fois Pierre Rabhi », *Kaizen*, hors série n°1, janvier 2013, 123.

3 Hessel S., *À nous de jouer*, Paris, Autrement, 2013, 155.

4 Creswell J. D., Irwin M. R., Burklund L. J., Lieberman M. D., Arevalo J.M.G., Ma J., Crabb Breen E., Cole S. W., « Mindfulness-Based Stress Reduction Training Reduces Loneliness and Pro-Inflammatory Gene Expression in Older Adults :
A Small Randomized Controlled Trial », *Brain, Behavior, and Immunity*, 2012.

5 Condon P., Desbordes G., Miller W., DeSteno D., « Meditation increases compassionate responses to suffering », In Press, *Psychological Science*, 2013.

6 www.inegalites.fr/spip.php?article1393

7 www.who.int/mental_health/management/depression/wfmh_paper_depression_wmhd_2012.pdf

8 www.who.int/mental_health/management/depression/wfmh_paper_depression_wmhd_2012.pdf

9 Rockström J., *et al.*, « Planetary boundaries : exploring the safe operating space for humanity », *Ecology and Society*, 2009, 14(2) : 32.

10 *Ibid.*

11 Mace G., *et al.*, *Biodiversity in Ecosystems and Human Wellbeing : Current State and Trends* (eds. Hassan H., Scholes R. et Ash N.), Washington, Island Press, 2005, 4, 79-115.

12 Pan A., Sun Q., Bernstein A. M., Schulze M. B., Manson J. E., Stampfer M. J., Hu F. B., « Red meat consumption and mortality: results from 2 prospective cohort studies », *Archives of internal medicine*, 2012, 172(7), 555. Ces analyses ont pris en compte les facteurs de risque de maladies chroniques telles que l'âge, l'indice de masse corporelle, l'activité physique, les antécédents familiaux de maladie cardiaque ou des cancers majeurs.

CHAPITRE 2
SE LIBÉRER D'UNE SOCIÉTÉ ALIÉNANTE

1 Van Boven L., « Experientialism, materialism, and the pursuit of happiness », *Review of General Psychology*, 2005, 9(2) : 132-142.

2 Kasser T., *The high price of materialism*, Cambridge (USA), Bradford Book, 2002.

3 Twenge J.M., Campbell W.K., Freeman E.C., « Generational differences in young adults' life goals, concern for others, and civic orientation, 1966-2009 », *Journal of Personality and Social Psychology*, 2012, 102(5) : 1045-1062.

4 Thoreau H.D., *La Vie sans principes*, Paris, Mille et Une Nuits, 2004.

5 Heyne A., *et al.*, « An animal model of compulsive food- taking behaviour », *Addiction Biology*, 2009, 14 : 373-383.

6 Wansink B., *et al.*, « The largest last supper: depictions of portions size and plate sizes increased over the millenium », *International Journal of Obesity*, 2010, 34 : 943-944.

7 Sampey B.P., *et al.*, « Cafeteria diet is a robust model of human metabolic syndrome with liver and adipose inflammation: comparison to high-fat diet », *Obesity*, 2011, 19 : 1109-1117.

8 Vohs K.D., Mead N.L., Goode M.R., « The psychological consequences of money », *Science*, 2006, 314 : 1154-1156.

9 Park B.J., *et al.*, « The physiological effects of Shinrin-yoku (taking in the forest atmosphere or forest bathing) : evidence from field experiments in 24 forests across Japan », Environmental Health and Preventive Medicine, 2010, 15 : 18-26.

10 Killingsworth M.A., Gilbert D.T., « A wandering mind is an unhappy mind », *Science*, 2010, 330 : 932.

11 Darley J.M., Batson C.D., « "From Jerusalem to Jericho" : a study of situational and dispositional variables in helping behavior », *Journal of Personality and Social Psychology*, 1973, 27(1) : 100-108.

12 Vartanian L.R., *et al.*, « Are we aware of the external factors that influence our food intake? », *Health Psychology*, 2008, 27(5) : 533-538.

13 Guégen N., *100 petites expériences de psychologie du consommateur pour mieux comprendre comment on vous influence*, Paris, Dunod, 2005.

14 Voir par exemple la revue *Psychology & Marketing*, publiée par l'éditeur scientifique américain John Wiley.

15 Brown K.W., Kasser T., « Are psychological and ecological well-being compatible? The role of values, mindfulness, and lifestyle », *Social Indicators Research*, 2005, 74 : 349-368.

16 Nielsen L., Kaszniak A.W., « Awareness of subtle emotional feelings: a comparison of long-term meditators and nonmeditators », *Emotion*, 2006, 6(3) : 392-405.

CHAPITRE 3

PLEINE CONSCIENCE : LA RÉVOLUTION AU CŒUR DE SOI

1 Source : DS Black (2013), Mindfulness Research Guide, www.mindful-experience.org.

2 Pour la petite histoire, c'est lors du Summer Research Institute organisé par Mind & Life en juin 2008 à Garrison que Matthieu Ricard et Ilios Kotsou ont imaginé la première conférence d'Émergences, consacrée à la pleine conscience.

3 www.mindandlife.org pour des informations sur les programmes et les ressources.

4 Hölzel B.K., Carmody J., Vangel M., Congleton C., Yerramsetti S.M., Gard T., Lazar S.W., « Mindfulness practice leads to increases in regional brain gray matter density », Psychiatry Research: Neuroimaging, 2010, doi:10.1016/j.psychresns.2010.08.006.

5 Hölzel B.K., Carmody J., Evans K.C., Hoge E.A., Dusek J.A., Morgan L., Pitman R., Lazar S.W., « Stress reduction correlates with structural changes in the amygdala », *Social Cognitive and Affective Neurosciences Advances*, 2010, 5(1) : 11-17.

6 Segal Z.V., Williams J.M.G, Teasdale J.D., *Mindfulness-Based Cognitive Therapy for Depression*, New York, Guilford, 2012.

7 Kabat-Zinn J., Wheeler E., Light T., Skillings A., Scharf M., Cropley T.G., Hosmer D., Bernhard J., « Influence of a mindfulness-based stress reduction intervention on rates of skin clearing in patients with moderate to severe psoriasis undergoing phototherapy (UVB) and photochemotherapy (PUVA) », *Psychosom Med*, 1998, 60 : 625-632.

8 Le programme est décrit en détail dans le livre *Au cœur de la tourmente, la pleine conscience*, Paris, De Boeck, 2009 et 2014.

9 Davidson R.J., Kabat-Zinn J., Schumacher J., *et al.*, « Alterations in brain and immune function produced by mindfulness meditation », *Psychosom Med*, 2003, 65 : 564-570.

10 Simons D.J., Chabris C.F., « Gorillas in our midst: Sustained inattentional blindness for dynamic events », *Perception*, 1999, 28 : 1059-1074.

11 Massachusetts Institute of Technology.

CHAPITRE 4
DEMAIN, UN MONDE D'ALTRUISTES

1 Weng H. Y., Fox A. S., Shackman A. J., Stodola D. E., Caldwell J. Z. K., Olson M. C., Rogers G., Davidson R. J. (In Press), « Compassion training alters altruism and neural responses to suffering », *Psychological Science*, NIHMSID : 440274.

2 Des formes de méditation qui associent l'analyse intellectuelle au développement de l'attention, de la pleine conscience et de la bienveillance sont enseignées dans certains établissements scolaires d'Amérique du Nord et de quelques pays d'Europe. Greenland, S.K., *The Mindful Child: How to Help Your Kid Manage Stress and Become Happier, Kinder, and More Compassionate*, New York, The Free Press, 2010. Également, concernant la pratique de la pleine conscience dans l'éducation parentale : Kabat-Zinn J. & M., *À chaque jour ses prodiges*, Paris, Les Arènes, 2012.

3 Fredrickson B.L., Cohn M.A., Coffey K.A., Pek J., Finkel S., « Open hearts build lives: positive emotions, induced through loving-kindness meditation, build consequential personal resources », *Journal of Personality and Social Psychology*, 2008, 95(5), 1045.

4 Kok B.E., Coffey K.A., Cohn M.A., Catalino L.I., Vacharkulksemsuk T., Algoe S.B., Brantley M., Fredrickson B.L., « Positive emotions drive an upward spiral that links social connections and health », *Manuscript under review*, 2012 ; Kok B.E., Fredrickson B.L., « Upward spirals of the heart: Autonomic flexibility, as indexed by vagal tone, reciprocally and prospectively predicts positive emotions and social connectedness », *Biological Psychology*, 2010, 85(3), 432-436.

5 Fredrickson B., *Love 2.0: How Our Supreme Emotion Affects Everything We Feel, Think, Do, and Become*, New York, Hudson Street Press, 2013.

6 *Ibid.* Je suis reconnaissant à B. Fredrickson de m'avoir envoyé les épreuves de son livre avant sa parution.

7 Kasser T., *The high price of materialism*, Cambridge, The MIT Press, 2003.

CHAPITRE 6
LA CONSCIENCE EN ACTION

1 Overmier J.B., Seligman M.E.P., « Effects of inescable shock upon subsequent escape and avoidance responding », *Journal of Comparative And Physiological*, 1967, 63, 28-33.

Seligman M.E.P., Maier S.F., « Failure to escape traumatic shock », *Journal of Experimental Psychology*, 1967, 74, 1-9.

2 Bandura A., *Auto-efficacité : le sentiment d'efficacité personnelle*, Paris, De Boeck, 2007, 859.

3 Kotsou I., Lesire C., *Psychologie positive : le bonheur dans tous ses états*, Archamps, Jouvence, 2011, 224.

4 Machado A., *Proverbios y Cantarès*, Chant XXIX, Campos de Castilla, 1912.

5 Hessel S., *À nous de jouer*, Paris, Autrement, 2013, 153.

6 Emmons R., *Merci ! Quand la gratitude change nos vies*, Paris, Belfond, 2008.

7 Comte-Sponville A., *Petit Traité des grandes vertus*, Paris, Seuil, coll. « Points », 2006.

8 Grant A. M., Gino F., « A little thank goes a long way explaining why gratitude expression motivate prosocial behavior », *Journal of Personnality and Social Psychology*, 2010, 98 (6), 946-955.

9 Algoe S., Haidt J., « Witnessing excellence in action the "other-praising" emotions of elevation, admiration and grătitude », *Journal of Positive Psychology*, 2009, 4, 105-127.

Haidt J., « Elevation and the positive psychology of morality », in C.L.M. Keyes and J. Haidt (Eds.) *Flourishing: Positive Psychology and the Life Well-Lived*, Washington, American Psychological Association, 2003, 275-289.

10 Schnall S., Roper J., Fessler D., « Elevation leads to altruistic behavior », *Psychological Science*, 2010.

11 « Il était une fois Pierre Rabhi », *Kaizen*, hors série n°1, janvier 2013, 123.

12 Lors d'une rencontre en 2013.

13 Morin E., Viveret P., *Comment vivre en temps de crise ?*, Paris, Bayard, 2010.

CONCLUSION
C'EST ICI QUE TOUT COMMENCE

1 Longchenpa, *Dans le confort et l'aise, 1. l'Esprit*, Paris, Le Publieur, 2002.

TABLE

REMERCIEMENTS

Merci à toutes celles et ceux sans qui ce livre n'aurait pas été possible : Jean-Gérard Bloch, Caroline Bourret, Pascale Chrétien, Alain Deluze, Olivier de Lathouwer, Martine Dory, Rhéa d'Almeida, Patrick Guilmot, Geneviève Hamelet, Luc-Michel Hendrick, Marie Lesire, Yen Le Van, Thierry Plompen, Clément Tisseuil, Gina Van Hoof et Olivier Vin.

Merci à la photographe Annie Griffiths de nous avoir permis de reproduire l'image qui ouvre ce livre.

Merci à Catherine Meyer, Sophie de Sivry, Sara Deux et Jean-Baptiste Noailhat, des Éditions de L'Iconoclaste, d'avoir cru en ce projet et de l'avoir accompagné avec tant d'attention, de soin et d'amour.

Enfin, merci à toutes celles et ceux qui, par leur attitude intérieure et leurs actions, nous inspirent et contribuent à l'émergence d'un monde meilleur.

Édition
Catherine Meyer

Coordination éditoriale
Maude Sapin
Jean-Baptiste Noailhat

Couverture et conception graphique
Sara Deux

Infographies
Chloé Laforest

Révision
Nathalie Capiez

Couverture
© Domingie & Rabatti / La Collection. Détail d'un tableau de Bronzino, « La Descente aux Limbes », Florence, Musée de Santa Croce, 1552. © Florian Kleinefenn, © Tony Maciag, the Center for Mindfulness photographer, © Laurent Villeret/picturetank, © Pierre Verdy/AFP ImageForum.

Photos
Page 12 : Annie Griffiths, Ripple Effect Images ; pages 24-25 : Matthieu Ricard ; page 40 : Florian Kleinefenn ; pages 54-55 : Gina Van Hoof ; page 74 : Tony Maciag, Center for Mindfulness ; pages 84-85 : Olivier Vin ; page 108 : Pierre Verdy/AFP ImageForum ; pages 120-121 : Matthieu Ricard ; page 138 : Laurent Villeret/picturetank ; pages 144-145 : Gina Van Hoof ; page 176 : DR ; pages 186-187 : Les Enfants de la rue - Brésil ; page 200 : Matthieu Ricard ; page 241 : Samusocial ; pages 256-257 : DR.

Achevé d'imprimer en septembre 2013 en France
sur les presses de l'imprimerie Corlet à Condé-sur-Noireau (Calvados).

ISBN : 978-2-91336-659-6
N° d'impression : 158353
Dépôt légal : septembre 2013